LESLEY GARNER

TOUT CE QUE LA VIE M'A APPRIS SUR

L'amour

Traduit de l'américain
par Jo-Ann Dussault

L'auteure de ce livre ne donne aucun conseil médical ni ne prescrit aucune technique visant à traiter un problème physique ou médical sans la supervision directe ou indirecte d'un médecin. La seule intention de l'auteure est d'offrir de l'information générale pour vous soutenir dans votre quête de bien-être sur le plan émotionnel et spirituel. Advenant la possibilité que vous utilisiez l'information transmise dans ce livre à des fins personnelles, ce qui est votre droit constitutionnel, l'auteure et l'éditeur se dégagent de toute responsabilité concernant vos actes.

Copyright © 2005 Lesley Garner
Titre original anglais : Everything I've ever learned about love
Copyright © 2006 Éditions AdA Inc. pour la traduction française
Cette publication est publiée en accord avec Hay House, Inc.
Tous droits réservés. Aucune partie de ce livre ne peut être reproduite sous quelle que forme que ce soit sans la permission écrite de l'éditeur sauf dans le cas d'un critique littéraire.

Syntonisez radio Hay House au www.hayhouseradio.com

Éditeur : François Doucet
Traduction : Jo-Ann Dussault
Révision linguistique : Féminin pluriel
Révision : Nancy Coulombe
Image de la couverture : Nic Miller/www.organicsimagelibrary.com
Conception de la couverture : Leanne Siu
Photo de l'auteure : Romas Foord
Graphisme : Nancy Lizotte
ISBN 2-89565-417-4
Première impression : 2006
Dépôt légal : 2006
Bibliothèque et Archives nationales du Québec
Bibliothèque Nationale du Canada

Éditions AdA Inc.
1385, boul. Lionel-Boulet
Varennes, Québec, Canada, J3X 1P7
Téléphone : 450-929-0296
Télécopieur : 450-929-0220
www.ada-inc.com
info@ada-inc.com

Diffusion
Canada :	Éditions AdA Inc.
France :	D.G. Diffusion
	ZI de Bogues
	31750 Escalquens Cedex-France
	Téléphone : 05.61.00.09.99
Suisse :	Transat - 23.42.77.40
Belgique :	D.G. Diffusion - 05.61.00.09.99

Imprimé au Canada   SODEC

Participation de la SODEC.
Nous reconnaissons l'aide financière du gouvernement du Canada par l'entremise du Programme d'aide au développement de l'industrie de l'édition (PADIÉ) pour nos activités d'édition.
Gouvernement du Québec - Programme de crédit d'impôt pour l'édition de livres - Gestion SODEC.

Éloges pour
Tout ce que la vie
m'a appris sur l'amour

« Cette suite de *Tout ce que la vie m'a appris sur l'harmonie* comprend des réflexions tout aussi stimulantes, pratiques et sages que dans le premier ouvrage. »
The Bookseller (revue britannique spécialisée)

Éloges pour
Tout ce que la vie
m'a appris sur l'harmonie

« Lesley Garner a rédigé le livre de chevet idéal pour les soirs d'insomnie, lorsqu'il est trop tard pour appeler un ami… Il s'agit d'un compagnon inspirant, écrit dans un style élégant. »
You Magazine

« Ce magnifique recueil d'essais agit comme un baume sur l'âme et l'esprit. C'est un livre à la fois sage, pratique et émouvant, bref, le cadeau idéal pour toute personne en quête d'inspiration. »
The Guardian

« Voilà plus de trente ans que j'admire le talent d'écriture de Lesley Garner. Ce livre se veut une grande célébration de la vie et nous donne des moyens simples d'enrichir notre quotidien… Je le recommande à tous ceux qui souhaitent devenir plus heureux, atteindre un plus grand sentiment d'accomplissement et apprécier encore davantage le monde qui les entoure. »
Jilly Cooper

« Lesley Garner est une femme remarquable, à la fois originale, inspirée et pleine de bon sens. Son écriture enlevée et stimulante fait d'ailleurs l'envie de ses pairs et la joie de ses nombreux admirateurs. »
Sir Max Hastings

« Voilà un recueil précieux d'observations, de réflexions et de notes pour vivre encore plus heureux et en harmonie. Il s'agit d'un ouvrage à la fois sage, pratique, élégant, inspirant et vraiment utile. »
Mick Brown, auteur de *The Spiritual Tourist*

À mon père et ma mère,
qui m'ont appris par l'exemple.

Table des matières

Introduction

L'amour possède six milliards de visages, tout comme il y a six milliards d'individus sur la planète. Et ce nombre aura encore augmenté lorsque vous aurez fini de lire ce paragraphe. En fait, l'amour possède beaucoup plus que six milliards de visages, étant donné que chaque être humain exprime son amour de mille et une façons. Ainsi, j'exprime différemment mon amour envers ma mère qu'envers mon amoureux ou mes enfants. Je ne regarde pas un paysage, ma maison ou un de mes tableaux préférés avec le même amour. Et c'est sans compter les milliards d'expressions d'amour qui remontent à la nuit des temps : celles des visages de nos ancêtres il y a des millions d'années. La femme de Cro-Magnon éprouvait de l'amour en tenant son enfant dans ses bras. Les premiers artistes des cavernes éprouvaient de l'amour lorsqu'ils traçaient un bison sur les parois d'une caverne et laissaient une empreinte de leur main à côté.

Bref, l'amour est une force qui s'exprime d'une multitude de façons. En rédigeant ces pages, j'ai pris conscience de mes propres limites pour décrire cette expérience infinie à partir d'une seule vie et d'une seule sensibilité : les miennes. Je suis un être humain limité dans le temps et l'espace, aux possibilités limitées, et pourtant j'ose écrire un livre sur tout ce que j'ai appris sur l'amour, dans l'espoir de vous transmettre quelques perles de sagesse. Quelque part entre les manifestations infinies de l'amour et ma propre vie, j'espère avoir exploré quelques expériences universelles. Mais avant de vous laisser poursuivre votre lecture, voici quelques éléments dont j'aimerais que vous teniez compte.

Le premier est le fait que je suis une femme. Même si j'ai essayé d'examiner l'amour de tous les points de vue, j'ai inévitablement rédigé mon livre avec un regard féminin. Toutes mes excuses aux lecteurs masculins qui se sentiraient incompris par mes propos. Si je me suis trompée à votre sujet, n'hésitez pas à m'en faire part afin de m'aider à mieux vous comprendre.

Et puis, je suis Britannique. Et les Britanniques ne figurent pas très haut sur la liste des nationalités reconnues pour leur chaleur, leur aisance corporelle et leur spontanéité en amour. Par rapport à ce sentiment, nous sommes souvent embarrassés et réservés, sauf quand nous avons consommé de l'alcool. Dans ce cas, ce sont les autres que nous embarrassons. Nous sommes incapables d'exprimer nos sentiments aussi facilement que les Américains et nous ne possédons pas le savoir-faire des Français ni la passion des Italiens. Voici pourquoi j'ai dû me baser sur certains principes premiers concernant l'amour.

Au moment où j'écris ces lignes, je suis célibataire. Je ne suis dans aucune relation amoureuse, bien que j'aie été mariée, que j'aie deux enfants et que j'aie eu plusieurs relations dans ma vie. Le fait d'être célibataire m'a un peu dérangée durant la rédaction de ce livre, même si, dans un sens, cela m'a permis d'avoir une certaine distance face au désordre amoureux. Le poète William Wordsworth disait que la poésie est une émotion remémorée dans la tranquillité. Beaucoup d'éléments de ce livre proviennent de la même source.

Je suis à la mi-temps de ma vie. Je crois que cela constitue un énorme avantage pour écrire sur l'amour. Je vis dans un corps qui porte en lui le souvenir et l'appel de la passion, mais qui est libéré des pulsions hormonales. Grâce à ce recul, je suis beaucoup plus consciente qu'avant des multiples façons par lesquelles l'amour se manifeste dans nos vies. J'accorde à l'amitié autant d'importance, sinon plus, qu'à la passion. Je suis également rendue à un âge où ma relation avec mes parents vieillissants est empreinte d'une immense tendresse. Quant à ma relation avec mes filles, elle ne cesse de se transformer à mesure que celles-ci grandissent. Nous tirons nos plus grandes leçons d'amour de nos rapports avec les gens qui font partie de notre vie, parce que rien ne peut y mettre fin. Voilà pourquoi le mariage, cet engagement à vie, demeure le plus grand creuset de l'amour humain.

Mon but en écrivant ce livre est de rappeler aux gens que l'amour n'est pas seulement une question de romantisme ou de passion sexuelle. S'il y a une chose importante à retenir de cet ouvrage, à part comment devenir plus aimables, habiles et patients dans nos relations avec les autres, c'est que les sources d'amour peuvent être multiples.

L'amour romantique est mis sur un piédestal. Cependant, il suffit d'examiner honnêtement sa vie pour constater que les sources de réconfort et de courage, le sentiment de défi et d'accomplissement de même que les moments inoubliables ne sont pas tous liés au fait d'être en couple. Freud disait qu'une personne saine doit pouvoir organiser sa vie autour de l'amour et du travail. Il arrive que l'amour et le travail soient indissociables. J'aurais eu beaucoup de difficulté à choisir entre être heureuse en amour et être heureuse dans ma vie professionnelle, si une bonne fée s'était penchée au-dessus de mon berceau avec sa baguette magique. C'est merveilleux de se lever le matin en étant excité par le travail à accomplir ce jour-là. C'est merveilleux de pouvoir se dire : « J'aime mon travail. » C'est formidable de s'engager dans le monde et de changer les choses. Et c'est merveilleux d'aimer l'endroit où nous vivons, d'aimer sa maison, d'apprécier un paysage, un livre, un film ou une chanson, d'aimer courir, faire de la voile ou escalader des falaises.

Voici ce que je dirais à un jeune : ne sois pas obsédé par l'idée de trouver ton âme sœur. Découvre plutôt quelles sont tes passions. Elles te mèneront à la personne qui t'est destinée. Bien sûr, la vie est plus agréable quand tu la partages avec un être en particulier, mais ce n'est pas la seule façon d'être épanoui. L'enthousiasme est un autre visage sublime de l'amour. Il fait partie de sa définition.

Et qu'est-ce qui se cache derrière les multiples visages de l'amour ? J'espère que vous trouverez beaucoup de réponses dans ce livre, mais plus je réfléchis à la question, plus je considère l'amour comme la principale force gravitationnelle dans la vie des êtres humains. Qu'il soit biologique, émotionnel ou spirituel, l'amour constitue la force qui nous pousse les uns vers les autres et nous aide à former un tout qui représente beaucoup plus que la somme des parties impliquées. C'est la quête de plénitude qui donne du sens à nos vies. Et une vie dépourvue de sens ne mène qu'au désespoir. À notre naissance, nous sommes séparés, et c'est l'amour qui nous unit aux autres. Peu importe la forme sous laquelle l'amour se présente à nous, que ce soit à travers nos relations, l'art, la science, la politique ou la nature, je crois qu'il nous cherche autant que nous le cherchons.

Des nuées de gloire, des nuées d'amour

L'amour est un mystère et l'émerveillement en est la première expression. Il prend le visage de l'innocence, celui du regard étonné, de la bouche entrouverte, du souffle coupé. Aucun mot n'est prononcé. C'est une pause avant la parole. Un état sans limites, dépourvu de tout ego. Quand l'amour vous frappe, les armées composées de vos peurs et de vos vanités, de vos plans et de vos souvenirs battent en retraite, et votre cœur est exposé et ouvert à ce qui se trouve devant lui. Le cœur a des yeux. Chez un adulte, face à un autre être humain, ce pourrait être le coup de foudre. Chez un enfant, c'est une nouvelle rencontre avec le monde qui l'entoure. Ce sentiment peut être provoqué par un papillon, une feuille ou un effet de lumière. Certaines personnes ne perdent jamais ce sens de l'émerveillement et vivent dans la joie.

L'auteure Gwen Raverat le décrit parfaitement dans son essai *Period Piece* quand elle raconte son enfance et ses visites à Down House, la maison de campagne de son grand-père, Charles Darwin. Elle y décrit l'allée de galets marins qui menait au jardin :

« J'adorais ces pierres. Littéralement. J'étais en adoration devant elles. Au point d'en être parfois malade. J'éprouvais aussi de l'adoration pour les digitales pourprées de Down House et pour l'argile rouge rigide provenant de l'ancienne argilière à partir de laquelle Darwin avait construit son " chemin de réflexion ". J'admirais aussi la magnifique peinture blanche qui recouvrait le plancher de la chambre d'enfants. Il s'agit d'un sentiment viscéral qui vous fait vibrer jusqu'au bout des doigts, et c'est sans doute ce qui importe le plus dans la vie. J'ai depuis longtemps chassé de mes souvenirs mes amours anciennes, mais jamais je n'oublierai l'odeur d'une feuille de groseillier ou la sensation de l'herbe mouillée sous mes pieds nus, ou encore les pierres du sentier. Au bout du compte, c'est ce sentiment qui fait en sorte que la vie vaut la peine d'être vécue. C'est ce qui pousse l'artiste à créer. »

Quand je songe à cet état d'émerveillement et d'adoration durant mon enfance, je revois immédiatement le jardin de mon grand-père, dans le sud du Pays de Galles. Je me revois accroupie au milieu des choux, absorbée par une feuille épaisse de couleur bleu-vert. Je peux encore sentir la douceur de l'herbe parsemée de marguerites sous le lilas. Je me souviens du monde souterrain que j'avais observé sous une énorme pierre du potager qu'on venait de dégager. Un monde mystérieux grouillait là, sous mes pieds, à une plus petite échelle.

Enfant, je regardais le monde qui m'entourait avec le même regard amoureux que j'avais déposé pour la première fois sur le visage de ma mère. J'adorais le grain du bois du vieux vaisselier en chêne de ma grand-mère. J'aimais aussi les bols en verre moulé vert qu'elle utilisait pour servir la compote de rhubarbe et la crème pâtissière. Le vaisselier en chêne trône maintenant dans ma cuisine. Le jour où on l'a déménagé chez moi, j'ai pleuré parce qu'il avait conservé l'odeur de ma grand-mère. Et, encore aujourd'hui, je suis incapable de résister aux pièces en verre moulé vert.

J'adorais aller sur les plages avoisinantes et explorer les rochers, la tête penchée au-dessus de l'eau claire pour observer le monde magique qui grouillait dans les mares. J'insérais mon doigt dans la bouche rouge des anémones de mer, pour sentir leurs petits tentacules rouges et gluants. J'étais absorbée par ce sentiment d'amour. Cet état contemplatif est toujours un signe d'amour dans la vie. Vous assistez à une manifestation d'amour quand vous voyez un être humain concentré sur une activité, un paysage, un morceau de musique ou un autre être humain.

À quel moment disparaît cet émerveillement, cette capacité d'être absorbé, ce lien magique avec le monde ? Il disparaît lentement quand on cesse de le cultiver consciemment à l'âge adulte. À quel moment le charme se rompt-il ?

Je crois qu'il se rompt à mesure que nous prenons conscience de l'image que nous projetons. Nous nous censurons littéralement. Quelqu'un pourrait rire de nous, et nous cessons alors d'être rêveurs. Notre travail, nos objectifs, nos tâches et nos désirs entravent ce lien innocent qui nous unit au monde qui nous entoure. Comme le disait William Wordsworth, « [...] les ombres de la prison se referment sur le jeune garçon qui grandit. » Nous nous individualisons. La question « Qui suis-je ? » devient plus importante que « Qu'est-ce que c'est ? » Elle remplace l'état d'extase primaire dans lequel nous sommes réceptifs, sans poser de questions.

Le danger est de cesser d'aimer le monde dans lequel nous vivons. Le danger est de quitter l'état d'émerveillement et de nous retrouver isolés. Et ce sentiment d'isolement est si terrifiant qu'il nous pousse à rechercher autour de nous quelqu'un qui pourrait nous sauver. Nos hormones et notre libido font en sorte que toutes nos énergies sont concentrées à chercher un être unique, une âme sœur, qui nous unira à la vie. Nous limitons nos possibilités d'aimer.

La bonne nouvelle est que le paradis perdu demeure à notre portée. Pour le retrouver, il suffit simplement de vraiment prêter attention à ce qui nous entoure. Ou de partir vers une nouvelle destination. La poussière de la familiarité ne s'est pas encore accumulée sur un paysage inconnu. Notre esprit n'est pas porté à en faire abstraction en disant : « C'est du déjà vu et connu » La nouveauté nous tiendra toujours éveillés, car, par instinct de survie, nous devons y prêter attention.

J'ai déjà effectué un voyage de deux semaines en Éthiopie. Deux ans plus tard, j'ai eu la chance d'aller vivre là-bas, mais, durant mon premier séjour, mes sens étaient tellement stimulés par la nouveauté que je n'ai jamais pu oublier mes premières impressions : les hommes vêtus de tuniques blanches qui circulaient au bord des précipices à dos de mulet orné d'un caparaçon rouge, les lis blancs dans le champ sous un ciel orageux, la fumée qui s'élevait le soir des huttes du village, les gypaètes barbus qui planaient dans les courants thermiques. J'ai d'abord observé le pays avec un regard d'enfant et d'émerveillement. Plus tard, quand j'y ai vécu, je croyais connaître ce que je voyais et j'ai alors cessé de vraiment être attentive. Cette familiarité abrutissante apparaît également dans les relations.

Il est beaucoup plus difficile de capter la magie présente au début d'une relation, parce que trop d'habitudes et d'émotions nous en empêchent, alors que la magie des pierres dans un sentier et celle de la goutte de pluie sur une feuille de chou sont toujours à notre portée. À nous de prendre le temps de les observer. À l'âge adulte, la plupart de nos luttes et de nos insatisfactions viennent du fait que rien ne peut combler en permanence le vide créé en nous, parce que nous avons cessé d'être en contact avec la vie. Il est déraisonnable de croire qu'un seul être humain puisse remplacer l'univers entier. Même si cela semble difficile, il est important de profiter de chaque occasion pour nous arrêter et regarder le monde avec les yeux d'un enfant.

L'arrivée de Ben

Ben est le premier bébé issu de la génération de mes enfants à naître dans la famille. Grâce à lui, ma sœur et mon beau-frère sont devenus grands-parents. Quant au frère et à la sœur de sa mère, ils sont devenus son oncle et sa tante. C'est aussi le premier bébé que mes filles — ses cousines — ont pu observer de près, le premier nourrisson qu'elles ont pu tenir dans leurs bras et regarder avec émerveillement.

Tout le monde regarde ce nouveau-né avec la même expression, et celui-ci ferait mieux d'en profiter le plus possible, parce que ce regard bienveillant ne durera pas éternellement. Mais pour le moment, le ciel de Ben rayonne de soleils humains. Ils se penchent au-dessus de lui, les yeux grand ouverts et brillants, le sourire aux lèvres, en poussant des exclamations de joie. Le nouveau monde de Ben est un petit système solaire, et la joie en constitue la force de gravité. Il ne voit rien d'autre que de l'amour et de l'émerveillement. Il voit l'expression qu'ont les êtres humains quand ils sont émerveillés. Ces visages lumineux et ouverts lui indiquent qu'il est miraculeux, adorable et exquis. Mon propre visage rayonne de plaisir, tout comme celui des autres.

En observant la famille de Ben l'accueillir dans ce monde, je me dis qu'il est chanceux d'être entouré d'autant d'amour, et que nous sommes chanceux de pouvoir profiter de cette nouvelle vie, de ce nouvel être humain à qui offrir de l'amour. Le miracle se multiplie quand, quelques semaines plus tard, Ben nous retourne nos sourires. Ravis de cette réaction, de cette communication claire, nous rayonnons encore davantage. Il y a six, sept ou huit personnes dans la pièce qui entourent Ben d'un regard brillant. Comment alors pourrait-il ne pas rayonner, s'épanouir et nous retourner cette énergie d'amour ? Et il nous transforme également.

Grâce à Ben, nous avons un nouveau centre d'intérêt. La relation entre les individus dans la pièce a subtilement changé en raison des nouveaux rôles de chacun. Nous partageons avec joie quelques-uns de ces rôles, alors que d'autres sont propres à chacun. Je sais que chaque membre de la famille a sa propre opinion au sujet des bébés et du rôle que chacun d'entre nous souhaite jouer dans la vie des autres. Ben a produit une onde de choc dans la relation de ses jeunes parents, mais nous en ressentons tous les effets.

Ben n'est pas unique. C'est ce que vivent tous les nouveau-nés s'ils en ont la chance. L'amour se présente sous forme d'attention et pour que les bébés apprennent à faire confiance au monde et demeurent radieux, ils ont besoin de recevoir toute cette attention. Et ils en ont surtout besoin pour ressentir et exprimer leur amour. Le cerveau de Ben est en train d'apprendre à être heureux. C'est avec une générosité sans bornes que les familles heureuses accordent inconsciemment aux bébés cette attention essentielle. Nous ne pouvons pas nous empêcher d'accueillir Ben avec tout notre amour parce que c'est ainsi que nous avons été accueillis à notre naissance.

Le fait de voir Ben être ainsi réchauffé par l'amour des siens me fait réfléchir aux autres bébés, aux millions de nouveau-nés qui n'ont pas droit à un tel accueil — les bébés non désirés, abandonnés, affamés et maltraités. Comment peuvent-ils grandir sans cet encouragement manifeste ? Même le petit frère ou la petite sœur de Ben ne jouira pas de toute cette attention exclusive à sa naissance, en raison de la présence de Ben. Et Ben devra composer avec l'expérience troublante de voir tous ces gens qui l'aiment exprimer le même amour à cet être plus petit que lui qui vient de naître. Comment Ben réagira-t-il lorsqu'il comprendra qu'il doit partager sa place au soleil ?

Je songe également à nous, les adultes, et au pouvoir régénérateur d'un nouveau-né. Quelques mois plus tard, nous nous sommes retrouvés en Écosse pour célébrer Pâques en famille, et la présence de Ben a complètement transformé notre séjour. Même la maison est devenue plus significative, parce qu'elle abritait Ben. Dire que c'était la première fois qu'il voyait la plage et un château de sable ! Nous étions tous aussi excités que lui. Ben a reçu son premier œuf en chocolat et nous a gâtés à son tour. Il nous a fait don de l'émerveillement, de l'humour et de l'innocence. Il nous a procuré le sentiment vivifiant que la vie se renouvelle constamment et déferle vers l'avenir telle une vague puissante. Nous avons hâte de le voir évoluer dans la vie. Voilà ce qui est au cœur de cet échange : nous lui donnons l'amour dont il a besoin pour grandir et s'épanouir, et il nous donne l'amour qui nous aide à redécouvrir notre raison de vivre.

Les yeux de l'amour

L'amour naît dans un regard et meurt quand les deux personnes ne sont plus capables de se regarder dans les yeux. Il en est ainsi à l'âge des amours, mais nous connaissons ce regard beaucoup plus tôt. Même si vous ne vous en rappelez pas, vous l'avez expérimenté à votre naissance. Le regard que vous avez alors jeté et qui s'est posé sur vous s'avère l'exploration la plus longue et la plus profonde de votre vie : le regard que vous avez échangé avec votre mère.

Avant de devenir mère, personne ne m'avait prévenue de ce qui allait se produire. Assise sur le lit d'hôpital, le dos appuyé contre des oreillers et les genoux levés, je tenais contre mes cuisses un petit bouddha bien potelé emmailloté dans des langes blancs. J'ai été secouée à la vue des yeux de ce premier enfant : ils étaient foncés et me regardaient sans vraiment me voir, et pourtant j'avais l'impression qu'ils captaient le monde entier. J'ai fixé ces yeux sans la moindre gêne, et ils m'ont rendu mon regard pendant ce qui m'a semblé des semaines. Je l'ignorais alors, mais j'agissais par pur instinct biologique. En regardant aussi intensément ce petit être qui venait d'entrer dans ma vie, je produisais de l'ocytocine, une hormone qui déclenche l'amour maternel et crée un lien d'attachement avec l'enfant. Comme le disait le docteur Frank Tallis dans son livre *Love Sick* : « Les flèches de Cupidon sont sûrement trempées dans de l'ocytocine. » Chez les mères et les amoureux, l'ocytocine produit les tendres sentiments d'affection, de tendresse et de chaleur humaine. Quand ce processus hormonal est entravé, que ce soit en raison d'une séparation ou de la dépression post-partum, la mère et l'enfant pourraient avoir de la difficulté à établir un lien. Comme j'ignorais cette théorie, je faisais ce qui me semblait naturel.

J'ai été surprise de constater qu'il n'y avait rien d'intimidant ou d'étrange dans cet échange de regard intense. J'ai réalisé qu'à l'âge adulte, il est très difficile de soutenir longtemps le regard de quelqu'un. Pour certaines personnes qui ont de la difficulté à entrer en relation avec les gens, cela paraît presque impossible, et cette impossibilité est signe de troubles beaucoup plus importants.

Et pourtant, quand deux personnes tombent amoureuses, elles ont aussi tendance à se perdre dans les yeux de l'autre. Que voyez-vous dans les yeux d'une autre personne ? Vous voyez le blanc, l'iris et la pupille de l'œil. Ce n'est qu'une surface et pourtant c'est différent. Quand quelqu'un vous regarde dans les yeux, vous avez l'impression qu'il vous déshabille, qu'il peut lire dans vos pensées, comme s'il avait percé la carapace de votre ego et avait atteint un endroit tendre caché au fond de vous.

Les grands séducteurs le savent. Monica Lewinsky disait que c'est ainsi que le président Clinton l'avait séduite. « Il vous aborde du regard, puis vous fixe et vous déshabille des yeux. Son âme semble vous pénétrer. C'est très intense. »

Sans amour, un regard fixe peut être très menaçant. C'est l'œil du diable, un signe d'agression. Mais peu importe si vous réagissez en faisant preuve d'ouverture ou en vous protégeant, vous savez qu'un regard fixe est très significatif.

Le bébé et la mère ont besoin d'échanger ce type de regard afin de créer le lien qui assure la survie de l'enfant. Au début d'une relation amoureuse, ce regard langoureux cache le besoin de chercher la confiance de l'autre, de le connaître plus en profondeur. Puis-je faire confiance à cette personne ? Qui se cache vraiment derrière ce masque ?

Le contexte dans lequel la mère et l'enfant échangent ce regard est tout à fait opposé à celui des amoureux. Les premiers jours suivant la naissance, la mère et l'enfant ne sont pas des êtres distincts. Le processus de séparation et d'individualisation n'a pas encore vraiment commencé. Ils se regardent afin d'établir où ils se situent l'un par rapport à l'autre. Les amoureux se regardent pour mieux s'unir.

Dans les deux cas, cet échange de regard intense ne durera pas éternellement. À mesure qu'il grandit, l'enfant tourne son regard vers l'extérieur. Vous avez de la chance si vous parvenez à convaincre un adolescent de vous regarder droit dans les yeux. Il a déjà de la difficulté à regarder le monde extérieur, alors imaginez un parent. Quant aux amoureux, la façon dont ils se regardent en dit long sur l'évolution de leur relation. Je me suis récemment amusée à observer le langage corporel d'un jeune couple dans le train.

La fille tournait le dos au garçon et regardait au loin, d'un air détaché et agressif. Lui la regardait, mais plus il se penchait vers elle, plus elle détournait son regard. De toute évidence, cette relation était finie. Quand une personne que vous aimez cesse de vous regarder dans les yeux, vous savez alors que l'amour est mort.

Voilà donc un signe d'amour. Cela commence par un contact visuel avec un étranger. Puis, vous échangez un deuxième regard, plus intense. Un lien vient d'être créé. Ensuite, vous ne vous quittez plus des yeux pendant cette période d'attachement. Quand ni l'un ni l'autre ne peut détacher son regard, cela signifie que quelque chose d'important est en train de se produire.

La relation est en danger quand vous ne pouvez plus vous regarder droit dans les yeux. Elle pourrait bien prendre fin. Le regard amoureux s'est éteint.

La puissance d'un désir inassouvi

Quand j'étais petite, à la fois protégée et aimée, il m'arrivait d'éprouver sans trop savoir pourquoi un sentiment de perte et de nostalgie. Je le sentais au fond de mon corps comme un vide soudain plutôt troublant. Je me revois dans ma chambre en train de regarder par la fenêtre les cheminées sur les toits de Londres. Je porte mon sarrau d'écolière à carreaux bleu et blanc. J'ai six, sept ou huit ans. Ma mère est supposée être dans la cuisine en train de préparer le repas ou le thé. Il fait soleil. Je m'amuse seule, puis pan !, je sens un grand vide au fond de moi.

C'était une émotion physique et intense. Elle surgissait sans explication et je ne parvenais pas à la comprendre. Quelque chose ou quelqu'un me manquait. Quoi ? Qui ? Qu'avais-je perdu ? Dans quel lieu aurais-je dû me trouver ? Je n'avais aucune réponse à ces questions. À force d'examiner mon univers pour trouver la raison de ce trouble, celui-ci disparaissait comme un orage d'été et je n'y pensais plus.

Ces moments incompréhensibles de nostalgie étaient rares. Je me souviens d'une période à l'âge adulte où ma vie était stable et où je n'avais pas éprouvé ce sentiment depuis fort longtemps. J'ai essayé d'expliquer à ma mère ce sentiment de perte, d'être une étrangère, que j'avais éprouvé si intensément durant mon enfance. Elle m'avait répondu d'un ton acerbe : « Tu crois donc avoir été échangée, venir d'une autre famille ? » La gaffe ! Ce n'était pas cela du tout. Le sentiment n'était pas aussi personnel. Il était beaucoup plus grand, comme si je me trouvais au mauvais endroit et que j'attendais un signal qui me guiderait vers ma maison.

Je crois que c'était de la nostalgie. Je le crois encore aujourd'hui les rares fois où je le ressens. Dans l'Antiquité, les marins grecs savaient ce qu'était la nostalgie. Ce mot vient d'ailleurs du grec : *nostos* (retour) et *algos* (souffrance). La nostalgie est donc la souffrance causée par le désir inassouvi de retourner à la maison.

Ce mot est éculé et a perdu sa puissance. Nous croyons qu'être nostalgiques, c'est nous rappeler les bons vieux jours, les vêtements ridicules que nous portions alors, le chien que nous avions ou la boutique où nous achetions des bonbons en allant à l'école ou même l'école, avec ses odeurs de craie et d'enfance. Depuis des centaines d'années qu'il est utilisé, ce mot a perdu sa force élémentaire pour prendre une connotation sentimentale, alors que la nostalgie n'a rien de sentimental ni de fleur bleue. C'est le désir insoutenable de retourner chez soi, d'être ailleurs, de retrouver ce que nous avons perdu et sans quoi nous ne pouvons soudainement plus respirer.

Si l'amour est synonyme d'union, la nostalgie représente, à une échelle cosmique, la souffrance primale liée à la séparation. C'est le mal du pays universel. Durant mon enfance et même mon adolescence, j'ai beaucoup souffert du mal du pays. À quinze ans, j'ai effectué mon premier voyage à l'étranger : j'ai passé mes vacances d'été en France, dans une famille d'accueil. Je regardais les toits de Paris et les pins parasols sur les collines de la Provence à travers un torrent de larmes. Mes parents me manquaient. Durant les siestes de l'après-midi, je lisais des poèmes anglais, entre autres *Adlestrop*, d'Edward Thomas, dans le but de quitter la chaleur méridionale pour m'imaginer dans les paysages verts et humides de l'Angleterre.

Un jour, un ami de ma famille française a apporté un pot de tartinade au citron, et j'ai été bouleversée à la vue de l'étiquette qui indiquait que la tartinade provenait de Winchcombe, dans le Gloucestershire. Je n'étais jamais allée à Winchcombe de ma vie, mais cet après-midi-là, malgré la lumière de la Provence et le chant des cigales, j'ai soudainement été transportée au-dessus des prés dorés de mon pays, des maisons de pierres et du clocher d'une église. J'ai aussitôt éclaté en sanglots.

Paradoxalement, six semaines plus tard, après mon retour à la maison, je regardais la campagne anglaise avec encore une fois les larmes aux yeux, rêvant à la Méditerranée et à mon petit ami français que j'avais laissé là-bas. Malgré le mal du pays, j'avais fini par adorer la France et j'aurais bien aimé me retrouver là-bas. Peut-être était-ce de la sensiblerie de la part d'une adolescente de quinze ans toujours prête à ouvrir les écluses.

La véritable nostalgie est un sentiment beaucoup plus profond. C'est le sentiment d'avoir perdu une chose beaucoup plus grande, comme un pays ou un état de grâce. Je suis à moitié Celte et les Celtes sont doués en la matière. Notre musique et notre poésie sont empreintes de nostalgie. L'exil l'intensifie, et l'alcool l'alimente. Voilà pourquoi les bars du monde entier sont emplis d'Irlandais, de Gallois et d'Écossais complètement soûls qui pleurent leurs montagnes et leurs landes perdues. Quand j'étais jeune mariée, mon mari écossais me rendait folle le soir, quand il me fredonnait d'un ton larmoyant : « Ah ! Que c'est triste d'avoir quitté la ferme ! ». Que répondre, sinon : « Pourquoi n'y retournes-tu pas ? »

La véritable nostalgie est encore plus grande que cela. C'est l'amour ardent éprouvé pour un lieu ou un état absent à tout jamais de notre vie. C'est le souvenir langoureux du premier amour, de l'enfance, du jardin d'Éden. Dans sa forme la plus douloureuse et inexplicable, c'est l'amour et le désir d'un lieu impossible à identifier, et que vous n'atteindrez sans doute jamais. C'est ce que je ressentais quand j'étais enfant. Et pourtant, durant les jours heureux de mon mariage, je n'ai jamais éprouvé de nostalgie au moment où je fondais ma propre famille.

Je crois que la nostalgie est un sentiment universel. Les Gallois l'appellent *hiraeth*, les Portugais, *saudade*. Elle fait partie de cet élan irrésistible qui nous pousse vers l'âme sœur en croyant inconsciemment que cet amour nous délivrera de la souffrance de nous sentir seuls au monde. L'amour est l'opium qui engourdit la douleur de la condition humaine en exil.

Il y a d'autres façons de composer avec ce sentiment d'exil et de déracinement. La musique, l'art et la poésie expriment ces sentiments, et le théâtre nous permet d'être unis aux autres dans une forme de catharsis collective. Le temps passé dans la nature m'aide toujours à me recentrer. Je peux me sentir égarée dans une rue, mais jamais dans la forêt. Les drogues — qu'elles soient socialement acceptables, légales ou illégales, ou prescrites comme le Prozac — diminuent l'anxiété causée par l'isolement et la perte, mais elles nous laissent encore plus dévastés une fois leur effet disparu. Les religions et la spiritualité offrent plusieurs voies pour explorer les liens qui nous unissent aux autres et à la source de vie que certains appellent Dieu. L'expérience mystique suprême consiste à perdre nos limites corporelles pour être en union parfaite avec la vie. Là où il y a unification ou sentiment d'unification, il n'y a pas de nostalgie, parce que nous avons alors trouvé notre place dans la vie.

Je l'ai expérimenté à certains moments durant mon enfance. Que ce soit à la plage, dans un jardin ou dans un arbre, il m'est arrivé de savoir que je faisais partie d'un tout, que j'étais unie à la branche, à l'herbe, aux oiseaux et aux vagues, et cela me rendait intensément légère et heureuse. En ravivant ces souvenirs, je constate pour la première fois qu'il était normal qu'une enfant qui se sentait aussi unie au monde et qui était consciente de la joie que cela lui procurait puisse souffrir d'un sentiment intense de perte quand le charme était rompu. Mais comme elle ne voyait pas alors ces sentiments comme un continuum naturel d'amour et d'union, il n'est pas étonnant que cette enfant ait tant souffert d'une crise existentielle. Pas étonnant qu'elle se soit sentie si soulagée une fois le moment de nostalgie passé.

J'étais dans la quarantaine quand j'ai lu le poème *Ode on Intimations of Immortality (Ode sur l'immortalité)*, de William Wordsworth. J'ai alors pris conscience de ce que j'avais toujours su, tout comme lui :

Où s'est envolée la lueur visionnaire ?
Où est-elle maintenant, entre la gloire et le rêve ?

La naissance n'est que sommeil et oubli ;
L'âme qui se lève avec nous, étoile de notre vie,
A eu ailleurs son couchant,
Et vient de loin.
(traduction libre)

Qui sait où l'âme réside ou même si nous en avons une ? Je sais par contre qu'il existe une note qui résonne avec force sur le clavier de l'amour, mais dont la fréquence est trop basse pour que nous puissions l'entendre au milieu du bavardage quotidien. Il arrive par contre qu'elle nous fasse vibrer sans que nous nous en rendions compte et nous oblige à être à l'écoute. Et c'est alors que nous souffrons de nostalgie, cette douleur éternelle liée au non-retour.

Les joies de la maladie

J'adorais être malade quand j'étais enfant. Ma mère exprimait alors son amour en veillant soigneusement à mon confort et à mon bien-être. Le fait d'être malade et d'avoir besoin de soins me permettait de m'abreuver à une source exquise et exceptionnelle d'amour maternel.

Ma mère rayonnait d'une énergie vibrante, mais quand j'étais malade, elle rayonnait plutôt d'une lumière calme et apaisante. Cela commençait par un thermomètre placé sous ma langue et l'heureuse découverte que je faisais vraiment de la fièvre. Une fois la décision prise que je n'allais pas assez bien pour aller à l'école (hourrah !), j'assistais aux rituels les plus merveilleux.

Elle gonflait mes oreillers, et j'avais droit au petit déjeuner au lit. Après avoir retiré le plateau, elle me recouvrait d'un châle et me déposait dans un fauteuil. Puis, elle balayait les miettes de mes draps et les lissait à la perfection, pour ensuite déposer une bouillotte chaude sous les couvertures. Je peux encore sentir le bonheur suprême que j'éprouvais quand j'y replongeais, la sensation réconfortante de mes oreillers remontés, de la fraîcheur de mes draps bien lissés, de la douce chaleur de la bouillotte. Puis elle me bordait dans mon lit, les couvertures bien repliées sous le matelas. Elle déposait ensuite une tasse fumante d'eau chaude, de miel et de citron sur ma table de chevet.

Je m'abandonnais avec joie à ce merveilleux confort, aux bons soins de ma mère. Est-ce pour cela que j'aime tant les hôtels ? Parce que le fait de m'étendre dans un lit qui vient d'être fait par une étrangère, entre des draps fraîchement repassés, me rappelle aussitôt ces moments où ma mère prenait soin de moi ?

Quand je suis devenue mère, j'ai pratiqué l'art de chouchouter mes enfants et je comprends maintenant la satisfaction que cet acte d'amour procurait à ma mère. Quand une personne que vous aimez est vulnérable, vous retirez une grande satisfaction du fait de savoir que, pendant un certain temps, son bien-être repose entre vos mains. J'adorais que ma mère soit obligée de ralentir pour prendre soin de moi. Tout comme moi, elle devait sans doute aimer l'expérience d'avoir des enfants immobilisés dans un lit suffisamment longtemps pour qu'elle doive les soigner de nouveau comme des bébés. L'expérience n'aurait pas été la même pour nous deux si ma maladie avait duré trop longtemps. L'amour aurait été contaminé par la peur et l'anxiété, si j'avais été gravement malade. Et pourtant, c'était et c'est encore une des manifestations d'amour les plus satisfaisantes. Les roses rouges et le champagne font toujours plaisir. Et comme il est agréable de recevoir un cadeau inattendu ou de savourer un repas romantique dans un bon restaurant ! Mais le véritable amour, dans ma tête et dans mon cœur, s'exprime toujours par un lit fraîchement fait et par une invitation à m'abandonner complètement aux soins d'une autre personne.

L'amour de la lecture

Je ne me souviens pas du moment où j'ai appris à lire. J'étais donc trop jeune pour comprendre que je venais de faire connaissance avec un des grands amours de ma vie. Il existe une photographie de moi à l'âge de cinq ou six ans, où je suis recroquevillée sur une chaise longue, sous le lilas de mon grand-père, écrasée sous le poids d'un tome fascinant de l'*Encyclopédie de la jeunesse*. Sur une autre photographie, vers sept ou huit ans, je suis recroquevillée près du feu avec un autre livre entre les mains, pendant que ma mère lit dans un autre fauteuil.

Je sais quels livres garnissent la bibliothèque derrière moi, sur la photographie, parce que je les ai lus des dizaines de fois. Il y a la collection des œuvres de William Shakespeare imprimée sur du papier fin. On y trouve également une version condensée de *L'Histoire de l'art* appartenant à ma mère, dont les reproductions ont éveillé en moi mon amour des beaux-arts. La trilogie en couverture rigide du *Seigneur des anneaux* y trône aussi fièrement. Un des volumes provient de la première édition parce que mon père et moi avions toujours hâte de dévorer les livres dès leur sortie. Ils ont été mes compagnons, ma famille, mes amis.

Quand n'ai-je pas ressenti cet amour des livres ? Quand n'ai-je pas éprouvé cette sensation physique et émotive face à l'odeur, à la couverture brillante et au poids d'un nouveau livre dans son emballage ? Je me rappelle encore le jour où j'ai senti entre mes doigts le livre *Nonsense Omnibus* d'Edward Lear après avoir tendu le certificat-cadeau que j'avais reçu à Noël. Mon estomac se souvient de l'excitation éprouvée devant l'exemplaire de *Bambi*, de Felix Salten, emballé dans du papier jaune, que j'avais reçu comme prix de d'essai. Je me souviens aussi des rayons de toutes les bibliothèques que j'ai fréquentées. Je les revois clairement dans ma tête : les rayons des contes de fées et de la littérature jeunesse, ceux des livres sur le ballet et le théâtre, des romans pour adultes et des livres d'histoire. J'étais comme un jeune cheval dans un pré immense, la tête baissée, constamment en train de fouiller, de humer et de brouter. Je dévorais les mots à toute vitesse, comme si chaque livre devait être brûlé le jour même. Et comme les personnages de Ray Bradbury dans *Fahrenheit 451*, j'avais intégré en moi chaque histoire pour la postérité.

C'était et c'est encore de l'amour, parce que je suis incapable de vivre sans livres. Et tout comme l'amour, la lecture nous fait perdre la notion du temps. Ne rien avoir à lire est une réalité à la fois triste et insoutenable. Lors d'un voyage dans les montagnes du Lesotho, en Afrique du Sud, notre petit convoi a dû s'arrêter en chemin en raison des pluies torrentielles. Nous sommes donc restés confinés dans un gîte gouvernemental, avec peu de choses à faire pour passer le temps. Je n'avais qu'un livre avec moi, l'œuvre classique de Harper Lee, *Ne tirez pas sur l'oiseau moqueur*, mais je l'avais presque terminé. Les seuls autres mots imprimés que je pouvais lire, et je les revois clairement, étaient les légendes des photos qui figuraient sur une affiche noir et blanc de William Tolbert, le président du Libéria. La pluie menaçait de nous garder prisonniers durant des jours. Et je savais que la lecture du livre et de l'affiche ne m'occuperait pas bien longtemps. Je regardais la pluie tomber d'un air désespéré. J'étais en compagnie de gens, mais les livres sont parfois beaucoup plus agréables. Les livres racontent l'histoire d'une foule de gens, de vies distillées.

Je dois aimer les livres plus que toute autre chose parce que je deviens folle quand je n'en ai pas un sous la main. Je le suis d'ailleurs presque devenue durant ce voyage au Lesotho. Les livres nourrissent chaque aspect de moi : mon cœur, mon âme, mon intellect, mon imagination et mes sens. Je ne peux pas les manger même si, dans un sens, c'est ce que je fais : je dévore, je rumine, je savoure, je goûte et je digère les livres. En retour de cet appétit constant, les livres me donnent accès à une multitude de mondes, autant dans l'univers réel que dans des lieux imaginaires comme Troie, le château de Camelot et le centre de la Terre, ainsi que dans le monde infini incarné dans chaque être humain.

Tout comme ma grand-mère, je pourrais devenir aveugle un jour. Comment pourrai-je alors renouer avec cet amour ? Je pourrais faire comme ma grand-mère. Malgré sa cécité, elle n'a jamais cessé de lire. Elle avait plus de quatre-vingt-dix ans quand elle a appris d'elle-même à lire le braille, cette écriture composée de petits points gravés en relief sur du papier épais. J'ai une photographie de sa main, sur laquelle on aperçoit les veines, les os et les taches de vieillesse, qui effleure les mots afin d'accéder à un autre monde.

Ma grand-mère aimait suffisamment les livres pour apprendre une nouvelle façon de lire à un âge où la plupart des gens ont cessé d'apprendre quoi que ce soit. Voilà un bel exemple d'un acte d'amour ! Et pour l'amour des livres, je suis prête à faire cet effort.

Le câlin familial

Bien avant l'invention de l'étreinte collective, mes parents et moi avions inventé le câlin familial. Nous formions un drôle de cercle : comme j'étais petite, et qu'ils étaient beaucoup plus grands, ma tête arrivait à peu près à la hauteur de leur taille. Mon visage s'enfonçait alors dans un chandail ou un tablier, mais cela ne me dérangeait pas. Tout ce qui comptait, c'était que j'étais entourée des bras, de la sensation et de l'odeur des gens que j'aimais le plus. Je me sentais alors en parfaite sécurité.

Quelques années plus tard, nous sommes partis en congé avec les Reason, des voisins et amis de la famille, et j'ai découvert l'autre côté de la médaille du câlin familial : la douleur d'être exclu du lien étroit qui unit un autre groupe.

Les Reason possédaient une automobile, contrairement à nous, et à cette époque heureuse d'avant les règles et les ceintures de sécurité, nous pouvions monter huit ou neuf personnes à bord pour aller en pique-nique. J'ai vite appris que la banquette arrière constituait le meilleur endroit pour s'amuser, se coller aux autres, chanter à l'unisson et raconter des histoires drôles. Tout le monde était serré comme des sardines et s'amusait follement. J'avais neuf ans, et on m'avait assise entre les adultes, sur la banquette avant, pendant que les autres enfants profitaient de cette joyeuse intimité, de ce royaume magique plein d'insouciance qu'était la banquette derrière moi. C'était là que l'amour siégeait, et je n'y étais pas assise.

J'avais dû me plaindre, parce que je me souviens qu'après le pique-nique, nous avions eu la permission de changer de place. Ainsi, pour le trajet du retour, j'ai pu m'asseoir à l'arrière. Mais qui aurait cru que ce n'était plus le meilleur endroit où se trouver ? La chimie avait changé et l'esprit de fête avait disparu. Trop d'adultes avaient changé de place et cette merveilleuse sensation de former une famille avec les autres enfants s'était dissipée.

Des années plus tard, je suis partie en vacances avec des amis, et nous nous sommes un jour retrouvés serrés les uns contre les autres, mouillés et grelottant de froid. Et pourtant, j'étais là où j'avais toujours rêvé d'être, au milieu de la banquette arrière, parmi les rires et les étreintes, et même si j'avais trente ans, je ne me suis jamais sentie aussi bien.

Mes parents sont maintenant âgés, et, récemment, nous nous sommes fait un câlin familial chargé d'émotion. Ils avaient tous les deux été malades, et je suis certaine que nous pensions tous intérieurement que nous avions de la chance d'être encore ensemble. La situation s'était par contre renversée : ils avaient perdu quelques centimètres avec l'âge, et je les dépassais. C'était moi la plus forte au centre qui soutenait dans ses bras ces êtres frêles aux cheveux blancs. Cela ne nous a pas empêchés de rigoler et de nous accrocher les uns aux autres, comme à l'époque de ces premiers câlins, où nous étions plus jeunes et en santé.

Depuis, il m'est arrivé de participer à quelques étreintes collectives. Quand l'ambiance est la bonne, et que vous vous sentez proche des gens qui vous entourent, elles constituent un excellent bouillon pour l'âme. L'amour réside en de multiples endroits. Il attend souvent de nous surprendre et, parfois, il résiste à se montrer quand des personnes qui se connaissent peu doivent se soumettre à cette étreinte. Mais quand la magie est présente, il est toujours agréable de sentir l'amour au milieu de ces tendres étreintes, lorsque des gens qui ont partagé une expérience commune et qui éprouvent de l'affection les uns pour les autres fusionnent et laissent tomber, pendant ce bref moment de chaleur humaine, toutes leurs barrières.

L'amour du clan

Durant ma tendre enfance, l'amour trônait au milieu du lit de mes grands-parents, exactement à l'endroit où je pouvais me blottir dans la chaleur de leurs deux corps de petits vieux. Pour dormir, ma grand-mère portait une longue chemise de nuit en flanelle. Mon grand-père, lui, dormait dans un pyjama rayé, et parvenait à l'enlever et à enfiler son caleçon long sans se dénuder complètement. Son sourire rose et blanc l'attendait dans un verre, sur sa table de chevet.

Je pouvais sentir leurs corps irradiant d'amour et de chaleur. Ils riaient. Je m'enfouissais encore davantage sous l'édredon, les couvertures et les draps jusqu'à l'endroit où j'étais le plus en sécurité, protégée du danger et des irritations par deux êtres qui incarnaient l'affection et la tolérance.

Le sommet du crâne de mon grand-père était l'une de mes deux parties du corps préférées chez les gens. L'autre était située là où la taille de ma grand-mère formait un tendre creux, à l'endroit même où elle nouait son tablier, juste au-dessus du doux rebondi de son ventre. Je pouvais y poser ma tête tout en entourant ma grand-mère de mes bras, imbriquée à elle comme à une pièce de casse-tête. Sur le crâne chauve de mon grand-père, il y avait une petit bosse qui captait la lumière et où je pouvais déposer mille baisers. J'avais là, sous ma bouche, un autre de mes endroits préférés.

À mesure qu'un enfant voit son monde s'élargir, des gens spéciaux croisent sa vie pour lui transmettre inconsciemment leur expérience et leur interprétation du monde. Il n'est pas nécessaire de vivre dans un village africain ou sur une réserve indienne pour faire partie d'un clan. Si c'était le cas, par contre, les choses seraient sans doute définies plus clairement. Il y aurait des rituels connus de tous pour faire votre connaissance et vous accueillir. Dans mon cas, je dois remonter au temps de mon enfance pour voir les rôles qu'ont eu mes grands-parents, mes cousins, mes oncles et mes tantes.

En tant qu'observatrice discrète du monde adulte, j'ai découvert durant mon enfance que les grands-pères jardinaient et se retiraient dans leur cabanon. Les grands-mères préparaient les repas dans la cuisine et me faisaient assister à des rencontres rituelles avec d'autres femmes âgées qui portaient un chapeau, s'assoyaient en cercle et buvaient du café en me disant combien j'avais grandi. Les tantes étaient associées aux pique-niques, aux cadeaux et aux sorties. Elles avaient un tempérament un peu espiègle et rebelle. Les parents étaient réservés aux découvertes plus importantes dans le monde, au mieux-être et aux aspirations, aux visites dans les musées et aux billets de théâtre, aux randonnées à la campagne et aux explorations dans la ville. Ils vous chatouillaient et vous serraient dans leurs bras, mais ils vous obligeaient aussi à faire vos devoirs et à vous brosser les dents.

Enfant, j'ignorais que ces personnes n'étaient que des êtres humains avec leurs propres faiblesses, ambitions et secrets. Il m'a fallu toute une vie pour découvrir leurs vulnérabilités. Quand j'étais petite, je n'ai vu que leurs visages affectueux et je n'ai vécu que dans l'attente de leurs cadeaux et de leurs gâteries. J'ai reçu beaucoup d'amour. Et j'en ai donné en retour. Ma famille, sous toutes ses formes, était toujours heureuse de me voir. Sans jamais prononcer le mot, elle m'enseignait mes premières leçons d'amour.

Comme les membres de ma famille m'avaient en affection et que c'était réciproque, j'ai appris sans qu'ils me l'enseignent formellement à aimer autre chose qu'eux. J'ai adopté leur amour pour certains aliments et certains lieux en particulier. Je me suis imbibée de leurs plaisirs traditionnels et de leurs valeurs éducatives. J'aimais avoir leur approbation, alors j'accomplissais les choses qu'ils approuvaient, que ce soit réciter les douze tables de multiplication, aller à la chapelle ou simplement être charmante avec les voisins. Existe-t-il une force sociale plus puissante que de vouloir appartenir au groupe ?

Et sans jamais prononcer le mot « amour », ce clan m'a enseigné que je pouvais m'attendre à vivre ma propre histoire d'amour. J'ai beaucoup appris grâce au bavardage. Assise en silence près des dames portant chapeau, j'ouvrais grand les oreilles. C'est ainsi que j'ai découvert la fascination exercée par les liaisons, les ruptures, les peines d'amour et les rencontres heureuses. L'amour m'était raconté sous la forme d'une histoire, et mon corps réagissait aux soupirs offensés, aux exclamations de joie et aux rires complices.

Je savais qu'un jour mon tour viendrait, parce que tout m'y préparait subtilement. Un jour, je serais la vedette de ma propre histoire. J'ai appris qu'en amour, il y avait une hiérarchie. L'amour que j'éprouvais pour ma poupée ou pour mes livres était bien réel, tout comme l'amour que je vouais à ma famille et qui durerait éternellement, mais le grand amour, celui qui allait complètement changer ma vie, serait l'amour que je partagerais avec un garçon qui m'était encore inconnu.

Ils ne m'ont jamais dit, par contre, et j'ai dû l'apprendre par moi-même, que ce grand amour ne serait jamais suffisant. Une fois rendue à l'âge adulte, après avoir vécu une grande histoire d'amour et en avoir découvert toutes les facettes, j'ai réalisé que ce que je désirais le plus, c'était cet amour du clan. Cet amour durable incarné par les membres de ma famille — aux différents visages et aux âges variés — me donnait de l'énergie. Et j'essayais de reproduire ce clan d'autres manières, avec mes amis. J'essayais aussi consciemment de le créer pour mes enfants, parce que je sais que la présence d'une famille étendue et la relation continue avec constituent une source d'affection à laquelle vous avez accès toute votre vie.

Le chant de l'enfant

Tous les enfants ont besoin d'un clan, et j'ai eu le privilège un jour de constater les bienfaits du clan chez une autre personne. Mon amie et moi venions de rater le dernier bateau public qui devait nous ramener de la plage, en Turquie. La plage fermait au coucher du soleil afin de permettre aux tortues caouanes de venir pondre leurs œufs. Les bateaux publics avaient regagné la ville. Il ne restait que quelques embarcations privées et bateaux de pêche amarrés aux quais de bois. Si nous voulions rentrer en ville de l'autre côté du delta, nous devions trouver quelqu'un qui voudrait bien nous ramener avant la tombée de la nuit.

Dans la lumière dorée du soir, un groupe étrange était encore assis autour d'une table en bois du bar de la plage. Une des personnes était capitaine d'un bateau. Le barman nous avait dit qu'il pourrait sans doute nous prendre à son bord. À côté de lui, il y avait une petite fille d'environ dix ans, au visage solennel et aux cheveux foncés. Elle portait un sarrau d'écolière rose et devait être la fille du capitaine. À ses côtés, il y avait une femme plus grande que nature à la voix rauque et au rire tonitruant. Elle portait une robe décolletée de couleur foncée, avait les cheveux teints en blond et semblait prendre autant de place autour de la table que les trois jeunes Turcs assis en face d'elle, qui riaient et chantaient avec elle des bouts de chansons. D'après les bouteilles de bière vides accumulées sur la table, les rires et les chants, ils devaient faire la fête depuis des heures. Mon amie et moi avons accepté de prendre une bière avec eux. Nous nous sommes assises, soulagées d'avoir trouvé un moyen de rentrer, mais également résignées à devoir sans doute attendre encore un bon moment.

La rondouillette dame blonde chantait une ballade turque populaire d'une voix profonde, accompagnée de temps à autre par les hommes. Quelqu'un a mentionné qu'il lui arrivait de chanter dans des clubs de nuit. La petite fille s'est jointe à sa mère, à une ou deux reprises. Derrière elle, une Turque vêtue de manière traditionnelle, avec un foulard et un pantalon bouffant, riait aux éclats sans toutefois chanter. Puis, quelqu'un a commandé une autre tournée de bières. Le sable blanc de la plage a pris une teinte dorée, tandis que les montagnes sont devenues d'un bleu plus foncé dans le ciel du soir. Soudainement, quelque chose d'inattendu et de merveilleux s'est produit.

La petite fille s'est mise à fredonner un air à voix basse, comme si elle ne chantait que pour elle, et la flamboyante dame blonde l'a entendu. Souriant, elle a tendrement entouré les épaules de la fillette de son bras gauche. De sa main droite, la paume tournée vers le ciel, elle l'a guidée afin de l'aider à donner vie à la chanson.

Les trois jeunes Turcs, qui connaissaient la chanson, se sont mis à l'accompagner avec force au point d'enterrer la petite voix de soprano de la fillette avec leurs beuglements d'hommes ivres. La femme âgée leur a impérieusement ordonné de se taire en faisant un signe de la main, comme un policier, qui signifiait : « Taisez-vous ! » Puis, elle s'est penchée vers la fillette et, d'une voix tendre et encourageante, l'a incitée à poursuivre son chant.

Un silence respectueux flottait dans le bar. Les vagues venaient s'écraser sur le sable pendant que la petite fille chantait, d'une voix basse au début, puis de plus en plus forte. Pendant qu'elle chantait, la femme âgée créait un espace empreint de tendresse autour d'elle qui s'élargissait à mesure que la voix de la fillette prenait de l'assurance. Dans le cercle protecteur de cette femme, l'enfant et sa chanson ont pu éclore avec une puissance envoûtante qui nous a tous mis en transe. À la fin de sa chanson, nous l'avons applaudie chaleureusement, et la petite fille s'est mise à rire et à rougir de plaisir.

Plus tard, nous sommes finalement montés à bord du bateau, et le capitaine a laissé la petite fille en robe rose tenir la barre et nous conduire dans les canaux sinueux des roselières du delta jusqu'au quai de la ville. L'enfant affichait un air satisfait pendant qu'elle était aux commandes du bateau. J'avais l'impression de regarder une enfant à qui on avait accordé la rare chance de s'exprimer pleinement dans le cercle magique né de l'amour.

L'amour d'un animal

Quand j'étais petite, je me rendais à l'école à pied avec une autre fillette appelée Joan. Un matin, lorsque j'ai frappé à sa porte, c'est une Joan complètement ravagée et en larmes qui m'a répondu. Son chaton venait de mourir. Je n'avais pas de chat et je n'avais d'ailleurs jamais eu d'animal de compagnie, alors je n'ai pas compris sa peine. « C'est juste un chaton », lui ai-je dit d'un ton indifférent. « Ce n'est pas comme si c'était ta mère ou quelque chose d'important. »

Après toutes ces années, je tiens à présenter mes excuses à Joan. Je sais maintenant combien les animaux peuvent occuper une grande place dans nos cœurs. Je sais aussi que pour beaucoup de gens, les animaux constituent une source d'amour et d'affection beaucoup plus satisfaisante que les êtres humains, qui sont souvent peu fiables, égoïstes et confus. Le jour où j'ai moi-même eu des chatons, plusieurs années plus tard, je me suis sentie coupable de l'insensibilité dont j'avais fait preuve durant mon enfance.

L'amour des animaux est beaucoup plus simple que celui des êtres humains. Les gens qui aiment qu'on dépende d'eux et qu'on leur dise qu'ils sont merveilleux affectionnent particulièrement les chiens. L'attention dévouée que requièrent les chiens me paraît quelque peu contraignante, voilà pourquoi je suis plutôt une amoureuse des chats. J'aime la réponse instantanée du chat quand il ronronne en signe d'approbation. J'adore la compagnie du chat : il est réconfortant sans être possessif.

Avec de la chance, votre animal de compagnie pourrait être beaucoup plus exotique et intéressant qu'un chien ou un chat. Je connais des gens qui possèdent des serpents qui s'enroulent autour de leur taille ou des iguanes qui adorent trouver refuge sur leur tête. Quand j'étais dans la vingtaine, j'adorais faire de l'équitation et j'avais développé une véritable passion pour un cheval. Un homme qui essayait sans succès de gagner mes faveurs m'avait même dit d'un ton amer : « Je croyais qu'on passerait le week-end ensemble, mais tu passes plus de temps à monter ton foutu cheval. » Je me souviens également du cheval. Il avait une robe noire aux reflets brillants et était beaucoup plus sexy et puissant que les hommes que je connaissais.

Pendant mon séjour en Éthiopie, j'ai eu un chien, un chat et un canard. Je me sentais coupable envers mon chien, Boffy, parce que j'avais l'impression que j'aurais dû lui accorder davantage d'attention et de temps pour l'entraîner. Je me suis sentie particulièrement coupable le jour où j'ai réalisé qu'il savait exactement quand mon mari revenait à la maison, et ce, bien avant moi. Il était beaucoup plus attentif à nous que nous l'étions envers lui.

Inimog, le chat, était un merveilleux compagnon, sauf la fois où il est parti en cavale pendant trois jours et est revenu épuisé, l'œil amoché et les poils en bataille pour aller s'effondrer sur notre lit et s'endormir. Quand je travaillais, il aimait dormir sur mon bureau, dans la corbeille des « choses à faire », et quand je lisais, il venait se coucher sur moi, et je pouvais sentir la vibration de son ronronnement contre mon ventre.

George, un canard d'Alesbury, était cependant le meilleur animal de compagnie qui soit. C'était lui le chef de la troupe : le chien et le chat se tenaient loin de son bec dont la morsure pouvait être très douloureuse. George était toujours affairé à quelque chose. Il était très distrayant. Il aimait trottiner dans le jardin, il nous réveillait au lever du soleil en cancanant tout bas sous la fenêtre de notre chambre et devenait complètement fou quand nous emplissions d'eau sa petite piscine.

Nous avons dû laisser ces animaux en adoption quand nous avons quitté le pays, mais, plus tard, après la naissance de nos enfants, nous avons acheté des chatons. C'est fou comme un enfant malade peut trouver du réconfort dans la compagnie de son chat ! Le fait de devoir prendre soin et d'accorder de l'attention aux animaux enseigne aux enfants à faire preuve de gentillesse, de prévenance et d'empathie. Quand ils meurent, les enfants reçoivent leur première grande leçon : ils prennent conscience du caractère éphémère de la vie.

Nos chats ont eu la chance de vivre une belle et longue vie. Le dernier est mort au bout de vingt ans, bien après mon divorce et le départ de mes enfants. Durant cette période transitoire, les chats — d'abord deux, puis un seul — ont mis de la joie dans ma maison. Ils m'attendaient derrière la porte quand je tournais la clé. Ils me parlaient, et je leur répondais. Dès que je m'installais dans un fauteuil ou dans mon lit, ils venaient me rejoindre en ronronnant. Ils me faisaient aussi sentir coupable. J'étais alors une femme seule, et mes chats m'empêchaient de vivre de manière spontanée. Au décès du dernier, j'étais triste mais également soulagée, parce que prendre soin d'un animal brime grandement notre liberté et est une grande responsabilité. Je n'ai pas remplacé mes chats depuis.

Je m'ennuie moins de la présence de mes animaux et de la chaleur de leur corps que de la vie qu'ils mettaient dans la maison. Lorsque vous êtes seul à regarder la télévision, vous vous sentez bien seul. Lorsque vous passez la soirée seul, mais en compagnie d'un chat ou d'un chien, vous vous sentez ragaillardi. La présence d'un animal apaise l'esprit, détend le corps et ralentit le rythme cardiaque.

Les animaux constituent la raison d'être de certaines personnes. Ils remplacent les êtres humains. Je n'irais jamais jusqu'à considérer un animal supérieur à un autre être humain, mais je sais combien la présence d'un animal peut être réconfortante et même devenir une raison de vivre. Si une enfant triste m'annonçait aujourd'hui que son chaton vient de décéder, je prendrais son chagrin au sérieux. Je saurais qu'une chose très grave vient de se produire.

Oser faire la fine bouche

Mes amies Penny, Catherine et moi sommes allées assister au tradition-nel feu de joie de Brockham. C'était un soir obscur de novembre, la nuit de « Guy Fawkes », et tous les villages environnants faisaient un feu de joie où il était possible de rencontrer des garçons et de voir des feux d'artifice. Mais c'était la fête de Brockham qui attirait le plus de gens : elle était reconnue pour être la plus belle et la plus importante, mais aussi la plus prometteuse, la plus risquée et la plus agitée.

Nous étions adolescentes, et Penny et Catherine avaient une longueur d'avance sur moi. Elles avaient déjà eu l'occasion de flirter avec le trouble. Elles connaissaient mieux la vie que moi ; elles étaient plus expérimentées, plus audacieuses auprès des garçons, bref, beaucoup moins naïves que moi. Elles ont mis peu de temps à disparaître et à revenir, d'un air triomphant, en compagnie de ce qu'elles étaient vraiment venues chercher à cette fête : chacune un garçon. « Pourquoi ne tentes-tu pas ta chance avec celui-là ? » m'ont-elles dit en pointant un candidat potentiel dans la foule. J'ai dû faire une moue, parce qu'elles ont aussitôt crié : « Tu ne vas pas commencer à faire la fine bouche ? »

Elles sont parties avec leurs nouveaux copains, et je suis rentrée seule à la maison, parce que quand elles m'avaient dit de ne pas faire la fine bouche, tout mon corps avait réagi : « Oh ! que si, je le peux ! » Je n'étais pas choquée qu'elles aient rencontré des garçons au feu de joie. J'étais choquée qu'elles choisissent n'importe qui et se montrent aussi désespérées. Si je ne pouvais pas faire la difficile, à quoi bon ? Devais-je me contenter du premier venu simplement pour pouvoir me promener en compagnie d'un garçon ? Étais-je supposée me contenter d'un garçon que je ne trouvais pas beau ? En qui je n'avais pas confiance ? J'avais seize ans. J'étais timide et inexpérimentée, et tout en moi me disait que mes amies racontaient des bêtises. Et je le crois encore.

Je connais tous les dangers du perfectionnisme. Je connais les dernières statistiques qui indiquent que plus vous vieillissez et avez du succès dans la vie, plus il est difficile de trouver l'amour. Pas parce qu'il n'y a personne de libre, mais parce que, d'une certaine manière, vous avez tellement à perdre. Je sais que vous pouvez perdre votre vie à chercher l'âme sœur.

Je sais aussi que les gens qui réussissent le mieux en amour s'avèrent également des vrais amis, des gens ouverts et encourageants qui donnent une chance aux autres. Ils sont également les plus habiles à tirer le meilleur des autres. Et pourtant, ce sont aussi des personnes qui savent ce qu'elles valent et connaissent leurs propres limites. Elles peuvent se montrer très amicales, mais quand il s'agit de choisir un partenaire, elles sont très difficiles. Autrement dit, elles font preuve de discernement dans leur choix.

Je n'ai jamais oublié cette soirée au feu de joie de Brockham. J'espère que Penny et Catherine sont heureuses. Je suis certaine qu'elles ont appris à faire des choix. Je sais qu'il est important de rechercher certaines qualités chez les gens que vous laissez entrer dans votre cœur, et je ne parle pas de gros seins ou d'automobiles de course. Je parle de qualités comme l'humour, la gentillesse, l'intelligence, la prévenance et la bonne humeur. Quand j'étais plus jeune, je me laissais séduire par une belle chevelure et des épaules larges, et j'avais aussi un faible pour les névrosés intéressants et créatifs. Il m'arrive encore d'être attirée par une belle chevelure et des épaules larges, mais je valorise davantage chez un homme la gentillesse, la perspicacité et la tolérance. Ma définition d'un homme intéressant a changé et, aujourd'hui, je prendrais mes jambes à mon cou devant un névrosé. Même s'il est beau, je suis incapable d'être attirée par un homme stupide, intolérant, arrogant ou au sale caractère. Alors la solution n'est pas de faire moins la fine bouche, mais de faire de meilleurs choix.

Une journée à la fête foraine

C'était une journée de printemps, sur le flanc d'une colline dénudée d'Epsom Downs, là où se tient la prestigieuse course de chevaux du Derby d'Epsom. J'avais quinze ans et j'étais venue assister à la course avec un copain de classe nommé Robin, que j'aimais bien. Nous visitions la foire qui se tient toujours en même temps que la course. L'air était chargé d'odeurs d'huile à moteur, de frites, de barbe à papa et d'herbe écrasée. Nous étions entourés du tintamarre de la machinerie des manèges, du grand huit et des carrousels. La musique étouffait le bruit des génératrices. Je pouvais entendre le son d'un harmonica et la voix de Bruce Channel qui chantait « *Hey ! Baby !* » et c'est à ce moment-là que Robin a pris ma main.

J'avais quinze ans et je marchais main dans la main avec un garçon que j'affectionnais. Nous avons fait le tour de la foire. Tout semblait danser au rythme de Bruce Channel et de son harmonica. Le grand huit zigzaguait. Les bateaux tamponneurs se tamponnaient. Les chevaux du carrousel s'élevaient dans les airs et tournoyaient. Des lumières de toutes les couleurs scintillaient partout. L'ambiance était légère et mouvementée. Et parce qu'un garçon avait tout bonnement pris ma main sans me regarder ou prononcer un mot, la journée s'annonçait pleine de possibilités et de poésie, et mon cœur palpitait et valsait comme un manège.

J'aimais et j'aime encore ces moments d'intimité. J'aime la légèreté, le sentiment d'imminence qui se cache derrière. L'amour possède tant de côtés sombres. Il peut être alourdi par la peur, l'insécurité, le désir inassouvi et la jalousie. Nous ne profitons pas assez de ces doux moments empreints de délicatesse et de possibilités. Nous nous empressons d'exprimer nos sentiments et de les concrétiser, mais jamais je n'oublierai la légèreté de ce moment, aussi léger qu'un papillon.

Je n'ai jamais été amoureuse de Robin. Nous n'avons jamais été plus que des bons copains. J'ignore même ce qu'il est devenu, mais je garde en souvenir un sourire, le doux moment où sa main a pris la mienne au milieu des manèges, sous le soleil du printemps et l'air de Bruce Channel chantant « *Hey ! Baby !* ». Il m'est impossible d'entendre cette chanson sans revivre ce moment. Si nous étions tombés amoureux, si nos sentiments s'étaient approfondis, je me demande si j'aurais gardé en mémoire cette journée de printemps. Ce souvenir se serait peut-être évanoui, comme un papillon envolé au loin dans l'horizon. Et je serais privée de cette image me rappelant les douces prémices de l'amour, celle qui me fait sourire et qui me redonne mes quinze ans.

Ce que j'ai appris des Français

À quinze ans, j'ai eu la chance d'aller passer l'été en France pour parfaire mon français et je suis tombée amoureuse, ce qui, comme tout le monde le sait, est la meilleure façon de pratiquer une langue étrangère.

J'ai eu la chance d'être plus que choyée durant ces six semaines. J'ai été reçue par une famille formidable et accueillante, avec qui je suis demeurée amie. J'ai pu habiter dans leur immense appartement au bord de la mer et profiter de la merveilleuse cuisine méditerranéenne. Et pour la première fois de ma vie, j'ai fais partie d'un groupe d'adolescents à la fois beaux et d'agréable compagnie. Nous allions nager et nous nous faisions bronzer sur la plage toute la journée. Le soir, nous dansions à la belle étoile, sous les pins. Pour une fille unique toujours plongée dans ses livres et qui n'avait jamais sortie avec un garçon, ni fait partie d'un groupe, c'était presque aussi effrayant qu'amusant.

J'ai beaucoup observé et appris. Je me suis acheté un grand chapeau de soleil et un collier de billes à Saint-Tropez. Je me suis enduite d'Ambre solaire et je suis devenue de plus en plus bronzée à force d'être étendue au soleil. Chaque matin, la tête enfouie sous mon chapeau, j'assistais au même rituel où tout le monde s'embrassait et se serrait la main. J'observais les jeux de coquetterie, les chuchotements, les regards de convoitise que les garçons lançaient aux jeunes filles minces en bikinis et le rire des filles. J'étais beaucoup trop timide pour flirter, surtout dans une langue étrangère, alors je demeurais étendue sur ma serviette de plage à observer et à me demander lequel des garçons j'aimais le plus. Était-ce Pierre aux jolies fossettes et aux longs cils ou Michou aux larges épaules et aux dents blanches ? Ou était-ce ces autres garçons qui, pieds nus et vêtus uniquement d'un jean, se promenaient nonchalamment sur leur mobylette, l'air sexy avec leur cigarette qui pendait au coin de la bouche ?

Le soir, il y avait souvent des fêtes improvisées et l'après-midi, à l'heure la plus chaude, nous nous amusions à nous embrasser pendant que les adultes faisaient la sieste. Un des jeux, semblable à celui de la chaise musicale, consistait à embrasser le garçon en face de nous quand la musique s'arrêtait. Chaque garçon embrassait différemment. Il y en avait un qui nous donnait des baisers mouillés, tandis qu'un autre nous écrasait la bouche au point de nous faire mal. Un autre nous fouillait doucement la bouche avec sensualité. Et les Françaises faisaient ouvertement des comparaisons, sur un ton léger et jamais grivois. Elles faisaient preuve d'une curiosité et d'une franchise pragmatique qui m'avaient d'abord choquée, mais que j'ai ensuite trouvées rafraîchissantes et libératrices. Elles se considéraient comme des êtres sexués et parlaient de leurs expériences sexuelles aussi ouvertement qu'elles parlaient de nourriture, ce qui, pour des Français, signifie souvent.

Cet été-là, la néophyte en moi a découvert que le sexe et la nourriture avaient beaucoup de choses en commun. Les deux peuvent procurer beaucoup de plaisir. L'anticipation, l'expérimentation, le goûter, la tentation et l'assouvissement du désir en font partie. Il était admis de se préoccuper de la nourriture, d'accorder autant d'importance au choix, au goût et à la préparation des aliments qu'au repas final. Il était admis de goûter à différents plats et de les comparer. Et pour vraiment apprécier le sexe et la nourriture, les personnes impliquées devaient avoir su développer leur goût et leurs techniques à force de beaucoup de recherches, de lectures et de pratique.

J'ai échangé mon premier vrai baiser cet été-là. Nous étions un petit groupe à marcher jusqu'à la plage, à travers les vignes, et j'avançais main dans la main avec Philippe, un garçon qui me plaisait beaucoup. Philippe avait les yeux bleus et les cheveux les plus longs du groupe. Il portait un chandail en mohair et un jean délavé qui recouvrait ses pieds nus bronzés. Au moment où nous sommes passés sous le viaduc ferroviaire, Philippe s'est retourné pour rentrer chez lui et m'a embrassée avec la langue. Un vrai *french kiss* qui s'est éternisé.

Je me souviens que les autres ont attendu patiemment en nous observant d'un regard bienveillant, dépourvu de toute gêne. Après le départ de Philippe, une jolie blonde aux yeux bruns nommée Marie-Christine m'a demandé d'un ton joyeux : « Est-ce que c'était ton premier baiser ? » et « Est-ce qu'il embrasse bien ? » Comment pouvais-je comparer ? Il embrassait suffisamment bien pour que j'ai envie de recommencer le plus tôt possible. Suffisamment bien pour que le rapport entre le simple fait d'y penser, d'en raviver le souvenir et de le revivre, et le temps réel qu'avait duré le baiser soit de dix mille pour un.

Le lendemain, nous nous sommes regroupés dans un appartement, dans une chambre donnant sur la cour, pour observer gaiement et avec curiosité un autre couple — Serge et Liliane — nous faire la démonstration d'un baiser appelé « la sucette ». Puis, nous l'avons essayé à notre tour.

Voilà l'été que j'ai passé, un été empli de baisers et de curiosité. Il n'y a eu aucun geste déplacé. Nous n'avions que quinze ans, après tout. Nous étions encore en train d'apprendre et de perfectionner notre technique.

Et voilà ce que j'ai appris des Français : non seulement à avoir confiance en moi après avoir testé mes propres pouvoirs de séduction, mais aussi qu'il n'y avait pas de quoi se moquer de l'amour et de ses démonstrations. Ce sentiment est beaucoup trop important pour simplement l'expérimenter derrière l'abri de vélos de l'école. Les Français m'ont enseigné que l'amour est une habileté fondamentale dans la vie et que les baisers et le flirt font à la fois partie des arts sociaux et des plaisirs intimes. Tout comme l'art de préparer une bonne omelette ou de choisir un bon vin, il est toujours possible de raffiner et d'améliorer nos techniques en amour.

Combien de temps
devrait durer un baiser ?

Quand vous en êtes à vos premières armes, vous vous demandez surtout combien de temps devrait durer un baiser, plutôt que dans quel angle vous devriez pencher la tête et placer votre nez. Cependant, la vraie réponse à cette question diffère selon l'individu : la durée d'un baiser peut s'exprimer en jours, en semaines, ou même en années.

Le baiser est un geste d'intimité si pur, un symbole d'accès, de possession et d'exploration si intense, que son impact peut être très troublant. En effet, la première fois que vous échangez un baiser avec quelqu'un, vous pourriez trouver l'expérience fort décevante. Rouler une pelle, voilà à quoi cela se résumerait. Ou vous pourriez avoir l'impression de vous envoler dans un long-courrier, de ne plus toucher terre. Ce baiser pourrait s'éterniser deux ans, ou même toute la vie. Mais qu'est-ce qui rend un baiser aussi puissant ? Pourquoi ne puis-je pas dire la même chose de l'acte sexuel ?

Le baiser est puissant parce qu'il s'agit du premier accès. Malgré les nombreux regards, paroles et caresses qui ont précédé, le baiser constitue le premier vrai risque, le premier vrai contact entre les parties sensibles et vulnérables de notre être, le premier engagement. Tout ce qui a précédé le baiser aurait pu n'être que le fruit du hasard. Le baiser représente le premier geste audacieux, la première action réfléchie. C'est aussi l'occasion de subir le premier rejet.

Tout comme l'amour, les baisers sont empreints de sentiments multiples. J'adore tous ces genres de baisers : le baiser qu'on applique dans le cou ou sur le ventre d'un bébé, le baiser que j'avais l'habitude de déposer sur le crâne chauve de mon grand-père, les baisers que mon chat me donnait avec sa langue râpeuse, les baisers de salutation échangés avec mes amis, les baisers sur les joues ridées des personnes âgées ou sur les joues joufflues des enfants. Il y a des baisers interrogateurs : « Est-ce toi ? Ai-je une chance ? Devrions-nous ? » Et puis, il y a des baisers empreints d'une nécessité pressante : « Je te veux. Ici et maintenant. »

Mais aucun baiser n'est plus excitant ou mémorable que ces baisers de jeunesse. Certains servent de réponses : « Oui, je te veux aussi. » D'autres à faire des promesses : « Si tu aimes cela, je peux t'en donner encore plus. » Ou à exiger des réponses : « Aimes-tu ceci ? Et ceci ? Et que penses-tu de ceci ? »

Voilà le genre de baisers qui sont chargés d'émotions puissantes. Le genre de baisers à vous garder éveillé la nuit. Ils ne cessent de vous tourmenter et préparent votre corps à tomber amoureux, avec toute l'euphorie et le risque de souffrir que ce sentiment implique.

Certaines personnes préféreraient esquiver les baisers, mais elles se privent ainsi de toute subtilité, excitation, agacerie, incertitude et exploration. Des années plus tard, ce n'est pas des heures passées au lit avec un amant dont je me souviens. C'est du feu de certains baisers qui ont encore le pouvoir de me faire frissonner.

Comment perdre sa virginité ?

Avant de perdre la nôtre, mes amies et moi avons passé des heures à discuter de notre virginité. Nous étions obsédées par elle, et par le moment approprié pour la perdre et avec qui. Mon amie Meg et moi avons résisté jusqu'à l'université, et notre obsession n'en est devenue que plus grande. Notre amie Rhiannon, au contraire, prenait la chose beaucoup plus à la légère étant donné qu'elle avait perdu la sienne derrière un buisson du parc Wimbledon Common après avoir bu deux verres de vodka-lime. Son comportement nous avait choquées, Meg et moi, mais nous étions bien obligées d'admettre que Rhiannon avait acquis une certaine maturité, un certain calme. Elle n'était plus confrontée au dilemme. Et tout comme Rhiannon, les garçons que nous fréquentions avaient une longueur d'avance sur nous en la matière.

Nous ne faisions par partie de la génération qui croyait qu'il fallait attendre jusqu'au mariage, mais nous faisions partie de celle qui ne disposait pas de moyens de contraception efficaces, et aucune fille ne souhaitait tomber enceinte. D'après mes souvenirs, voici comment nous envisagions la question. Nous souhaitions perdre notre virginité avec une personne spéciale, car, après l'avoir perdue, il serait beaucoup plus difficile de dire non, étant donné que les gens sauraient que nous avions déjà fait l'amour. De plus, avant même de passer à l'acte, le fait de perdre notre virginité donnait à l'expérience une dimension encore plus grande. Voilà, je crois, en gros l'étendue de nos réflexions.

Mon amie Penny pensait différemment. Elle avait décidé de s'en débarrasser avec beaucoup plus de désinvolture en choisissant quelqu'un qui avait de l'expérience et à qui elle était certaine de ne pas s'attacher. Et c'est ce qu'elle a fait, et je crois qu'elle a en été pleinement satisfaite, même si, pour moi, c'était loin d'être romantique. Je ne voulais pas perdre ma virginité de manière calculée et désinvolte. Je voulais que ce soit avec quelqu'un de spécial. Je m'étais d'ailleurs juré que je me donnerais à un garçon que j'aimerais et qui saurait me réciter le poème d'Andrew Marvell, *À sa timide maîtresse* : « Si le monde et le temps nous appartenaient, cette modestie, cher amour, n'aurait rien de cruel. » Mais aucun garçon ne m'a fait cette faveur, alors je n'ai jamais accordé les miennes en retour. Peut-être êtes-vous quelques hommes à lire ces lignes et à vous mordre les doigts. Vous avez eu votre chance pourtant !

J'ai perdu ma virginité avec Beatle. J'avais presque dix-neuf ans, et mon cœur battait pour Beatle depuis quelque temps déjà. Il avait les cheveux foncés, coupés à la façon des Beatle, d'où son surnom, et il avait la peau la plus douce qui soit. Il était fringant, drôle et espiègle, et nous avions tous les deux les cils si longs qu'ils risquaient chaque fois de s'entremêler quand nous nous embrassions. Beatle était prêt à passer à l'acte, mais il ne m'a jamais mis de pression, et c'est ce que j'appréciais. C'est moi qui ai pris la décision, qui ai choisi mes plus beaux sous-vêtements français, qui lui ai dit que je passerais la nuit avec lui.

La chose s'est donc passée dans un lit, dans une chambre plus que convenable, avec un garçon que j'aimais, qui m'attirait, en qui j'avais confiance et qui me faisait rire. J'anticipais l'événement avec innocence et espoir. Cela ne s'est pas exactement passé comme je le croyais, parce que malgré les heures passées à discuter, à lire et à écouter les racontars sur la question, j'avais étonnamment réussi à garder mon innocence. Nous n'abordions jamais le sujet à la maison, et les cours de sexualité donnés à mon école primaire mixte par un professeur de biologie rouge d'embarras n'avaient réussi qu'à rendre l'acte encore plus effrayant.

J'avais déjà vu un pénis en érection avant, mais je n'avais pas réalisé qu'il devait effectuer un va-et-vient. J'imagine que je croyais qu'une fois le pénis dans le vagin, nos deux corps demeureraient fusionnés, parfaitement immobiles et heureux jusqu'à… quand ? Je l'ignore. Je ne m'étais jamais vraiment attardée à l'aspect mécanique. Alors quand Beatle a commencé à s'activer pour ensuite dire que cela ne servait à rien, qu'il avait trop bu, je n'ai pas du tout été vexée. Nous nous sommes repris avec succès un peu plus tard.

Un jour ou deux après, nous avons recommencé, et j'ai alors senti monter en moi cette excitation, cette vague de plaisir qui s'est terminée dans une explosion de sensations que je n'avais jamais ressenties avant. « Ah ! » s'est exclamé Beatle quand j'ai tenté d'expliquer ce que j'avais éprouvé. « Les filles peuvent jouir elles aussi. » Personne ne me l'avait dit. Existe-t-il une meilleure surprise au monde ?

Nous avons passé le reste de l'été à faire l'amour, à rire et à faire des conneries, avec un profond sentiment de libération et d'exaltation. Nous avons aussi connu des moments de colère intense, de jalousie et de tromperie (de sa part), ainsi que de larmes et de supplications (de ma part). Beatle est allé à Paris en compagnie de la blonde Katie de l'école des arts et m'a menti à ce sujet. Je ne me souviens même plus du moment précis de notre rupture. Nous sommes cependant demeurés amis et avons même vécu en colocation plus tard. Je suis tombé amoureuse d'un autre garçon, et il s'est entiché d'une autre fille.

Quelques années se sont écoulées, et je me suis retrouvée un soir à sa porte parce que je me sentais seule, et nous avons passé la nuit ensemble en souvenir du bon vieux temps. Puis, c'est à peine si je l'ai revu jusqu'à cette soirée de retrouvailles organisées trente ans plus tard pour notre classe d'élèves. Malgré nos cheveux gris et nos quelques kilos en plus, nous avons été heureux de constater que nous avions toujours de longs cils et la même complicité. Et je n'ai jamais regretté une seule minute d'avoir perdu ma virginité avec quelqu'un d'aussi gentil, drôle, sexy, espiègle et immature que moi. C'était également un amant sensible et attentionné, comme j'avais pu le constater alors, et comme je le sais aujourd'hui, avec l'expérience et les années écoulées. Ce qui prouve que cela vaut la peine d'attendre.

De bien belles funérailles !

J'étais jeune quand j'ai compris l'importance de mourir avec panache. J'ai perdu mon grand-père Bam, le père de mon père, à l'âge de dix-neuf ans. J'ai alors dû me rendre au nord de Cleethorpes, là où vivaient mes grands-parents, dans une station balnéaire balayée par les vents qui avait déjà été très fréquentée. C'était dans leur maison, située sur une avenue paisible, entre la longue plage et les champs plats drainés par des petits ruisseaux, que Bam m'avait raconté des histoires, amenée pêcher l'épinoche dans les ruisseaux, donné des caramels, en plus d'avoir frotté d'huile ma première batte de criquet. C'était là aussi qu'il m'avait laissée faire de la poterie avec lui et mon grand-oncle Walter, un homme fort gentil, dans leurs vieilles remises situées sur leur lopin de terre, loin de leurs épouses fortes en caractère.

Je n'avais jamais assisté à des funérailles de ma vie. Je croyais pourtant connaître les gens qui faisaient partie de la vie de mon grand-père. C'était mon clan du nord après tout. Dans ma tête, Bam comptait surtout pour moi et pour ma grand-mère Nana, bien entendu, ainsi que pour mon père, ma tante Mary et d'autres tantes et cousins. En route vers le crématorium, je présumais que nous ne serions que quelques-uns à lui faire nos adieux. En ouvrant la porte du crématorium, je suis demeurée figée en apercevant les dos des centaines de gens déjà présents.

La pièce était bondée. « Mais qui sont tous ces gens ? », me suis-je demandée, abasourdie, pendant qu'on nous conduisait à nos sièges. Est-ce que Bam avait une vie en dehors du jardin, de son petit lopin de terre et des ruisseaux, du terrain de criquet et du bar du Lifeboat Hotel ?

J'ai presque tout oublié de ces funérailles à part le fait qu'il y avait une foule de gens que je n'avais jamais vus et pour qui mon grand-père signifiait quelque chose. Ainsi, des étrangers l'avaient aimé.

Je me souviens avec plus de précision des funérailles suivantes auxquels j'ai assisté, ceux de Grampa, mon autre grand-père, le père de ma mère. J'étais dans la vingtaine et je savais, pour être née et avoir vécu pendant des années dans la famille de ma mère, dans le sud du Pays de Galles, que Grampa était un pilier dans sa communauté et avait joué un rôle encore plus important que Bam. Chaque dimanche, Grampa m'amenait à la chapelle presbytérienne où il lui arrivait de dire le sermon. Il était aussi le président du conseil des presbytériens. Il avait été directeur d'école dans la ville, en plus d'avoir survécu à la Première Guerre mondiale et participé à la bataille de Passchendaele, d'où il était revenu blessé. C'est ce qui expliquait pourquoi il boitait et devait s'appuyer sur une canne pour marcher. Je m'attendais donc à ce que le crématorium soit plein de gens et, encore une fois, j'ai eu droit à une surprise.

Ma grand-mère faisait partie de la génération qui respectait la tradition galloise voulant que les femmes n'assistent pas aux funérailles. Nous nous sommes donc réunis chez elle, dans le salon, où se trouvait le cercueil de mon grand-père et où le pasteur nous a fait récité une prière. Ma tante est ensuite demeurée avec ma grand-mère pendant que le reste d'entre nous avons suivi le corbillard de mon grand-père jusqu'au crématorium.

Bien entendu, la salle était pleine, et, cette fois-ci, je savais davantage qui étaient ces gens. Il y avait des hommes âgés qui avaient grandi en même temps que mon grand-père, s'étaient peut-être battus avec lui et lui avaient survécu. Il y avait aussi des générations d'hommes à qui il avait enseigné à l'école. Il y avait des voisins, des presbytériens, des hommes pour qui le départ de mon grand-père représentait une perte réelle.

L'assemblée était surtout composée d'hommes, ce qui explique pourquoi, au moment où ils ont commencé à chanter, leurs voix graves et puissantes ont fait vibrer les murs de l'édifice — nous avons eu droit à un chœur improvisé de Gallois réunis par l'amour et la mort.

J'étais tellement fière. Le simple fait d'y penser me fait monter les larmes aux yeux. Je me rappelle cependant avoir éprouvé à la fois un sentiment de tristesse et d'exaltation. J'ai réalisé alors combien il était merveilleux d'être ainsi aimé et apprécié par autant de gens. J'ai compris, pendant que ma jeune voix de soprano s'élevait au milieu des voix graves, que des belles funérailles pouvaient représenter bien plus qu'une façon digne de souligner la fin d'une vie bien vécue. C'était aussi un objectif noble à atteindre. Quel beau cadeau pour nous, les descendants de mon grand-père, d'être ainsi témoins de l'amour et du respect qu'il avait suscités. Comment ne pas vouloir vivre de manière à mériter nous aussi ce genre d'amour et de respect ?

Depuis, j'ai eu l'occasion d'assister à d'autres funérailles, et je constate que c'est toujours un privilège d'assister au départ d'un être aimé de tous et qui a bien vécu sa vie. Ce genre d'événement a toujours un effet édifiant sur notre âme, et j'ai souvent pensé qu'il était dommage que la personne décédée rate la plus belle fête de sa vie. C'est ce qui a donné l'idée à ma cousine Susan d'inviter toute la famille à assister au quatre-vingt-dixième anniversaire de sa mère. Elle savait que nous allions tous nous revoir à ses funérailles de toute façon et pensait que ce serait beaucoup plus agréable si sa mère était encore en vie. Sa mère — qui avait toujours adoré faire la fête — est morte à point nommé deux jours avant, si bien que nous avons finalement assisté à des funérailles. Et quelles funérailles !

Le mariage n'est pas le seul rituel où il est possible de célébrer et d'exprimer de l'amour. Bien sûr, il n'y a rien de plus triste que d'assister aux funérailles d'un enfant, mais celles d'un être qui a connu une vie bien remplie devraient toujours avoir lieu dans la réjouissance solennelle de tous.

L'amour protégé

Le condom pour le cœur n'existe pas encore. Jusqu'à ce qu'il soit créé, il est impossible de parler de rapports sexuels protégés. Vous pouvez recouvrir votre corps de préservatifs, vous protéger avec un écran de crèmes et de spermicides, vous adonner au sexe par téléphone ou au cybersexe, ou encore à la masturbation, le sexe qui laisse votre cœur et votre esprit indemnes n'a pas encore été inventé. Jusqu'à ce qu'il le soit, que peut-on considérer de sûr ?

Nous devons au sida le concept de « sécurisexe ». Avant l'apparition de cette maladie mortelle dans nos vies, l'histoire de l'humanité a connu une brève période pendant laquelle les quelques personnes qui ont eu la chance d'avoir accès aux antibiotiques et aux méthodes contraceptives efficaces (comme la pilule) ont pu avoir des rapports sexuels relativement sans risques. J'insiste sur le mot « relativement ».

Durant cette brève période, il n'y avait aucune précaution à prendre parce qu'une femme qui prenait la pilule était toujours prête. Et les hommes n'avaient pas à penser. Pas besoin non plus de penser à garder des condoms sur soi ou d'apprendre à les manipuler, dieu merci. Personne n'avait peur des maladies transmissibles sexuellement, telles que la syphilis qui avait fait tant de ravages avant, étant donné que nous avions des antibiotiques et que nous croyions que tout pouvait se guérir avec le bon traitement. Tout n'était pas rose, cependant, même durant cet interlude relativement dépourvu de risques. Il y avait encore des grossesses non désirées. Les gens attrapaient des morpions et l'herpès, et même pire. Et ils subissaient une pression sociale pour avoir des rapports sexuels, alors qu'avant, la pression sociale incitait plutôt au contraire. Et ce comportement a entraîné son lot de malheurs et d'erreurs. Nous l'ignorions alors, mais nous n'avons sans doute jamais autant pratiqué le « sécurisexe » qu'à cette époque.

Cette période de grâce n'a pas duré longtemps, comme c'est souvent le cas dans l'histoire de l'humanité. À mesure que les gens prenaient conscience de la menace du sida et que les gouvernements paniquaient, des campagnes de prévention ont été mises en place pour inciter les gens à utiliser des barrières protectrices, dans le but d'éviter la mortelle infection. C'était le « sécurisexe » ou rien d'autre ! Le temps où il était possible d'échanger librement nos fluides corporels avec les autres était révolu. Cette incitation au « sécurisexe » était supposée rendre le monde beaucoup moins à risques. Sauf que les gens ne pensaient alors qu'à se protéger sur le plan physique.

On ne peut pas dire que le « sécurisexe » existe vraiment, parce que la sexualité est une force élémentaire. Elle peut être bienveillante ou destructrice, et on ignore souvent si l'expérience sera positive ou négative. Le problème n'est pas seulement lié au risque d'attraper quelque chose, comme une maladie, ou d'avoir une grossesse non désirée, mais au fait que tout change quand la sexualité entre en jeu, et qu'il est impossible de prévoir quelles seront les répercussions d'une relation sexuelle.

Si le sexe était aussi sûr qu'on le dit, pourquoi des amis proches hésitent-ils à devenir amants ? Parce qu'ils savent que les rapports sexuels changent tout et que si les choses tournent mal, ils risquent de perdre un ami, sans compter un amant. Si le sexe était sûr, pourquoi se soucierait-on tant des aventures extraconjugales ? Dans un pareil contexte, les rapports sexuels s'avèrent souvent très dangereux. Ils causent du désespoir, brisent des cœurs et peuvent même mener au meurtre. Si le sexe était aussi sûr, pourquoi des familles et même des sociétés entières et des partis politiques se sentent-ils offensés par le choix d'un individu en matière de partenaire sexuel ? Parce que les relations sexuelles affectent les descendances, les héritages, les politiques et les affaires. Le sexe sans danger n'existe pas. Le sexe est une question de vie et de mort. Demandez à Roméo et Juliette. Demandez à Hélène de Troie.

Ainsi, les rapports sexuels sans risques n'existent pas. Malgré l'efficacité de la contraception, qui n'est jamais assurée à cent pour cent, et des mesures d'hygiène sexuelle, aucun rapport sexuel n'est suffisamment sûr pour épargner entièrement notre corps, notre cœur et notre esprit. Si c'était le cas, nous n'en voudrions pas.

Tout rapport sexuel avec une autre personne est donc à risque parce que l'esprit, le corps et les émotions sont interreliés. Les germes ne franchiront peut-être pas la barrière du préservatif, mais rien ne peut empêcher votre esprit de fantasmer, votre cœur de battre, vos relations de changer, tout comme la perception que vous avez de vous-même. Rien n'est plus pareil après une relation sexuelle. Voilà pourquoi le sexe est si excitant, enivrant et attirant. Et pourquoi nous en redemandons toujours, même quand cela se passe mal. À l'école, il faudrait enseigner aux jeunes que le plus important en matière de « sécurisexe » n'est pas d'apprendre à enfiler un condom. Pour pratiquer cette activité humaine à haut risque, ils doivent surtout apprendre à protéger leur cœur.

Qu'est-ce que l'amour, et comment savoir si je suis amoureuse ?

Je sais que je suis amoureuse quand mon esprit ne cesse de vagabonder et de penser à quelqu'un d'autre au lieu d'être rationnel et bien structuré comme d'habitude. Impossible de penser à autre chose ou à un autre individu. Je suis possédée. C'est à la fois fou et excitant. Les gens perdent alors patience avec moi, parce que j'ai la tête dans les nuages. J'ai le regard brillant et j'oublie ce que je suis supposée faire. Quand je suis seule, je passe des heures à rêvasser. Je me remémore ses paroles, ses gestes, bref, je savoure chaque moment comme un bonbon que je laisse fondre sur ma langue. Je me rappelle ses caresses et la façon dont mon corps a réagi, comme s'il était devant moi. Si je suis aussi obsédée, c'est que j'ai besoin de me rassurer que cette nouvelle personne et ce changement excitant dans ma vie monotone existent vraiment. N'allez surtout pas croire que c'est par choix que je repasse ce film dans ma tête. C'est mon esprit compulsif et déboussolé qui m'avertit que je suis en danger.

La sensation est tellement excitante que mon corps en est tout électrisé. Même si une petite section de mon cerveau s'efforce encore de rester calme, je n'ai plus la maîtrise de mon corps. Je rougis et je frissonne de la tête aux pieds. Je manque de coordination et je deviens maladroite. Mon cœur bat la chamade et j'ai l'estomac noué. Je perds toute dignité, même si j'essaie de garder la tête froide. De l'extérieur, j'ai l'air aussi sophistiquée et adulte que possible, mais à l'intérieur, j'ai de nouveau quatorze ans, peu importe mon âge réel. Mon système digestif devient tout chamboulé, mais heureusement, ceci a pour effet de me faire perdre du poids, ce qui signifie que je peux enfiler de nouveaux vêtements et me sentir encore plus attirante. Et puis, j'ai de la difficulté à m'endormir.

À travers cette effervescence, ma raison me dit que je suis en danger. Qu'il s'agisse d'un sentiment d'amour, de désir ou d'un simple engouement, j'y suis plongée jusqu'au cou et je ne suis pas pressée d'en sortir. J'ai besoin de bien plus que ma raison. Puisque le risque d'être blessée est si grand, j'ai besoin de pouvoir m'appuyer sur ma sagesse, mon intuition et ma force spirituelle.

J'ai besoin de ces forces parce que je sais par expérience que des symptômes aussi puissants et irrésistibles sont toujours signes de danger. Après tout, ce n'est peut-être pas le grand amour. Ce n'est peut-être qu'une liaison fatale qui ne me causera que du chagrin. Mon cœur et mon corps réagissent de manière primitive et irréfléchie. Ils réagissent peut-être à des stimulus physiques et physiologiques qui, à la longue, ne m'apporteront rien de bon. Je suis peut-être en train de répéter un comportement que je dois éviter.

J'ai besoin de ma sagesse et de mon intelligence pour freiner mes élans. J'ai besoin de mon sens critique. Même si je me trouve déjà dans cet état émotionnel et physique, et qu'il est trop tard pour m'en tirer indemne, rien ne m'empêche d'agir intelligemment dans ce tourbillon. Par exemple, je pourrais prendre le temps de mieux connaître la personne qui se cache derrière mes fantasmes enivrants. Je pourrais éviter de laisser tomber mon travail ou de briser mon mariage. Je pourrais attendre un peu avant d'aller trop loin. Je pourrais essayer de savoir si cette personne est aussi bonne et gentille que formidable, de voir comment elle agit avec ses amis et sa famille. Je pourrais me comporter comme si j'étais une des mes amies et me donner des conseils avisés.

L'expression « tomber en amour » ne pourrait pas être mieux choisie. Cela se produit de manière involontaire, mystérieuse et vertigineuse. Cet état d'euphorie est cependant de courte durée. Le bonheur durable n'est possible que lorsque vous êtes tous les deux bien ancrés dans l'amour. Ou comme le disait Antoine de Saint-Exupéry, « aimer, ce n'est pas se regarder l'un l'autre, c'est regarder ensemble dans la même direction ». Voilà à quoi sert votre esprit, si vous êtes encore en mesure de l'écouter. Il vous indique la voie à suivre. Ainsi, après avoir examiné vos symptômes et découvert que vous êtes amoureux, rappelez-vous que votre esprit vous sert de passeport. Gardez-le dans un endroit sûr et ne partez jamais à l'aventure sans lui.

Plus vous aimez, plus vous risquez de souffrir

Les êtres humains se comportent tous comme des œufs de grenouilles, comme des cellules de têtards qui flottent en formant une masse de gelée à la surface de l'eau. Il suffit d'un frémissement dans un coin pour faire trembler la masse entière, ce qui explique pourquoi je pleure devant le poste de télévision quand je voix un étranger tomber d'un gratte-ciel de New York ou mourir de faim en Afrique. Cependant, plus les têtards sont près de vous, plus l'agitation s'avère puissante. Voilà pourquoi les personnes que j'aime le plus au monde sont également celles qui m'agacent le plus.

Quand j'aime quelqu'un, cela signifie que je laisse tomber mes barrières émotives, et cela peut être aussi bien positif que négatif. Imaginez que vous marchez dans la rue et que, de l'autre côté, vous apercevez un étranger en train de piquer une crise. Vous vous arrêtez. Vous observez la scène en pensant : « Mais qu'est-ce qu'il a ? » Et une demi-heure après, vous n'y pensez déjà plus. Une petite tempête émotive s'est envolée au loin sans même vous affecter.

La dynamique est complètement différente quand il s'agit d'un être cher. Il n'a pas besoin d'être en colère. Je peux sentir la tension en lui comme sur une échelle Richter des émotions. Le moindre changement d'humeur me traverse tel un courant électrique. Comme le disait Cole Porter dans sa chanson *Under my skin*, je les ai « dans la peau ». Ou comme l'écrivait P. G. Wodehouse, « ils font partie de moi ».

Mon père est capable de m'énerver au point que la tension que j'éprouve en sa présence quand l'atmosphère est lourde peut m'affecter durant des heures, voire des jours, malgré tous mes efforts — et je connais d'excellentes façons de faire tomber la tension. Quand ma mère est malade ou malheureuse, je n'arrive pas à me détendre ou à dormir à cause de l'anxiété. Je ne sais plus combien d'heures, de jours, de semaines j'ai passé à essayer d'interpréter l'humeur de mes amoureux, pour mieux les comprendre et les apaiser. L'humeur de mes enfants m'affecte plus que tout. Un jour, après avoir eu une conversation paisible avec ma plus jeune fille, qui est de nature très calme, j'ai pris ma tension artérielle et, à ma grande surprise, j'ai constaté qu'elle était plus élevée. J'ai lu après que notre tension artérielle s'élève toujours un peu quand une personne pénètre dans la même pièce que nous. Les êtres humains sont tous reliés. Nous avons tous un effet les uns sur les autres à une échelle individuelle.

Si seulement l'amour était une île dépourvue de toute tension, un refuge contre les agressions et les conflits qui ont lieu à l'extérieur de ses frontières sécuritaires. C'est ainsi que nous aimons envisager l'amour, comme une paire de bras accueillants. Il suffit de penser aux images qui sont souvent utilisées pour symboliser la sécurité affective : le visage heureux d'une famille assise autour d'une table éclairée à la chandelle, la mère qui berce son enfant endormi, deux amants qui s'enlacent en souriant et en ronronnant dans leur lit, au milieu des draps froissés.

Mais l'ennemi est en nous. Il apparaît dès que nous ouvrons notre cœur et devenons vulnérables. Qu'arrive-t-il quand la famille est malheureuse, quand la mère maltraite son enfant, quand les amants sont infidèles ? Le sanctuaire intérieur connaît alors sa première brèche. Les enclaves heureuses de l'amour ressemblent alors moins à un jardin de roses qu'au vaisseau spatial du film *Alien,* quand le monstre attend le bon moment pour sortir de notre cage thoracique. Ils abritent les intrus les plus déplaisants de tous, ceux qui s'invitent en silence et élisent domicile dans notre cœur.

Comment est-ce possible ? Cela se produit parce que les gens qui nous font sentir le plus invincibles et invulnérables sont aussi ceux qui peuvent nous chagriner le plus profondément. Cela ne veut pas dire qu'ils nous font du mal volontairement (bien qu'ils en ont le pouvoir), mais qu'il y a de nombreuses occasions de souffrir en amour. Nous souffrons parce que nous sommes liés à l'autre, qu'il n'y a aucune membrane entre nous, que nous faisons partie du même organisme. Les enfants, notamment, ont cette capacité de vous briser le cœur. Vous seriez prêt à mourir pour votre enfant, mais votre seule punition en tant que parent est de demeurer à l'écart pendant qu'il reçoit la balle en plein cœur. Tout ce que vous pouvez faire, c'est essuyer le sang et prendre dans vos bras son corps blessé. Ainsi, devant la maladie, l'échec, le rejet et le chagrin de votre enfant, vous souffrez avec lui tout en mesurant l'ampleur de votre impuissance.

J'essaie en fait d'expliquer que le chagrin et l'amour sont indissociables. Plus l'amour est profond, plus les risques de souffrir sont grands. Une quantité de gens se sont juré de ne plus jamais être victimes d'un chagrin d'amour, même si, pour cela, ils doivent enfiler une armure pour se protéger. Ils ressemblent à tout le monde, mais quelque chose en eux a décidé de faire chambre à part — ils ont cessé d'être ouverts à l'amour. D'autres personnes qui ont eu le cœur brisé ont le don de se relever et d'essayer de nouveau. J'admire les gens qui sont prêts à se risquer encore une fois en amour, mais je crois qu'il y a des risques calculés. Certains chagrins sont inévitables. D'autres sont prévisibles, voire calculés. Les personnes qui se brûlent à deux reprises dans le même incendie ne méritent aucune médaille.

Il est impossible d'éviter certains chagrins, comme la peine éprouvée en apprenant qu'un être cher souffre d'une maladie, d'un échec ou d'un chagrin d'amour. Vous ne pouvez alors rien faire, sinon offrir votre soutien et votre réconfort. Si vous vous retrouvez souvent dans cette situation, c'est-à-dire dans le rôle du sauveur compatissant, prenez vos distances. Vous recherchez peut-être inconsciemment une situation qui nourrit une partie de vous dont il serait préférable de vous détacher ou de vous débarrasser. Il y a également très peu de choses à faire pour composer avec le chagrin qui vous envahit lorsque l'amour n'est plus, que ce soit à la suite d'une rupture, d'une infidélité ou du décès de l'être cher. Tout dans la vie est éphémère, même l'amour immortel.

Pour minimiser le rôle que la douleur émotionnelle joue dans votre vie, sans pour autant vous endurcir le cœur, il suffit de développer une antenne émotionnelle pour détecter les gens et les situations susceptibles de vous faire du mal. Beaucoup de gens souffrent d'une dépendance aux tempêtes émotionnelles et en créent souvent là où il n'y en a pas. Personne ne peut vous blâmer d'être victime d'une peine d'amour à un jeune âge. Vous méritez cependant d'être blâmé quand, dix ans plus tard, vous recherchez toujours les mêmes situations douloureuses.

Entre l'absence d'émotions et la dépendance aux tempêtes émotionnelles, il faut trouver le juste milieu. Apprenez à bien vous connaître, à identifier vos comportements émotifs. Prenez conscience de vos choix autodestructeurs et, au besoin, consultez un psychologue pour apprendre à les changer. Et surtout, efforcez-vous de garder le cœur ouvert, même au prix de ce que Freud appelait « le malheur ordinaire ». Il n'y a pas de vie sans risque.

Le contraire de l'amour

Quand vous demandez à quelqu'un quel est le contraire de l'amour, il vous répond invariablement « la haine ». Je ne crois pas que la haine soit le contraire de l'amour, pour la simple raison que la haine est aussi une émotion très forte et partage avec l'amour certaines caractéristiques qui lui sont propres.

Tout comme une personne amoureuse, une personne haineuse est sous l'emprise de l'objet de sa haine. Elle devient obsédée. Une personne qui éprouve de la haine est constamment préoccupée par celle-ci et veut souvent l'exprimer physiquement. Elle n'est pas libre, parce qu'elle demeure profondément liée à l'objet de sa haine, qui a une influence déterminante dans sa vie.

Certaines personnes croient que le contraire de l'amour est la peur, et il s'agit certes d'une émotion tout aussi forte. Comme l'amour et la haine, elle possède une force d'attraction. Mais contrairement à l'amour et à la haine, la force d'attraction de la peur est dirigée vers l'intérieur. Elle nous rabaisse et nous pousse à fuir et à éviter ce que nous craignons. Une personne dominée par la peur risque peu de tomber amoureuse, car l'amour exige une dose de courage. L'amour représente le risque suprême, parce qu'aimer, c'est accepter de perdre le contrôle. Aimer, c'est ouvrir notre cœur et risquer de vivre du chagrin et de souffrir intensément.

Alors quel est le contraire de l'amour, si ce n'est ni la haine, ni la peur ? Je crois que le contraire de l'amour est l'isolement. L'amour attire et unit les gens. L'isolement est un enfer en vol libre, sans aucune force d'attraction. Au mieux, il y a l'indifférence, un état d'animation suspendue qui n'est cependant pas vraiment une façon de vivre. Au pire, il y a l'isolement, un état où le cœur est maintenu en confinement solitaire, un état qui rend vulnérable à la dépression, à la solitude et au désespoir. Prisonnier de ce cercle vicieux, l'individu a alors tendance à douter de lui-même et à se blâmer. Voilà pourquoi une rupture soudaine est si dévastatrice. Le sentiment béni d'être uni à quelqu'un d'autre fait subitement place à un purgatoire de solitude. Il n'est donc pas étonnant que certaines personnes en deviennent folles et songent même à se suicider. Le suicide est l'expression ultime de l'isolement. C'est rompre à tout jamais avec la pénible tâche de vivre sa vie.

Pour fuir l'isolement, il ne faut surtout pas plonger aveuglément dans n'importe quelle relation. Quand ces relations de dépendance tournent mal, comme cela se produit toujours, le sentiment d'isolement est amplifié par un sentiment de désespoir. Pour s'en sortir, il faut penser petit, accomplir une chose à la fois, un jour à la fois. Il faut reproduire les actes d'amour.

Quand je suis particulièrement fauchée, je m'oblige à donner de l'argent. L'amour est actif. L'amour partage. L'amour est bienveillant. L'amour est sociable. Pour reproduire les actes d'amour, une personne isolée doit passer à l'action et entrer en contact avec d'autres gens, même si ce contact est minime. Elle pourrait par exemple marcher dans la rue et bavarder avec un commerçant du coin ou organiser une fête, même si cette dernière suggestion pourrait s'avérer bien au-delà de ses capacités. Les personnes qui se sentent trop isolées du troupeau pour agir peuvent toujours compter sur les bons samaritains. Il y a toujours quelqu'un qui est prêt à vous écouter, même s'il le fait en silence parce qu'il ne sait plus quoi dire.

Il est possible de renouer contact avec le monde en suivant plusieurs petites étapes faciles. Je sais que les gens apprécient grandement qu'une personne fasse les premiers pas. Trop d'amitiés s'étiolent parce qu'une personne croit que c'est au tour de l'autre d'établir le contact. Si vous n'avez pas d'argent pour aller prendre un verre ou faire une sortie, pourquoi ne pas aller marcher avec un ami. Je connais peu de gens qui détestent aller au cinéma. Et s'il est au-dessus de vos forces d'appeler quelqu'un, rien ne vous empêche d'aller seul au cinéma. C'est une excellente façon de vous changer les idées. Toute activité vaut mieux que de rester plongé dans vos pensées quand vous vous sentez isolé.

Tout le monde est heureux d'offrir son aide, et ce geste fait toujours du bien à la personne qui apporte son soutien. Vous avez envie d'essayer le nouveau gymnase de votre quartier ou de louer un vélo ? Il y a de fortes chances que cela intéresse aussi une de vos connaissances, et qu'elle accepte de se joindre à vous. Beaucoup de personnes qui se trouvent dans une situation pire que la vôtre attendent qu'on les aide à effectuer leurs achats, qu'on leur fasse la lecture ou qu'on les raccompagne en voiture. Rompre l'isolement commence par une promenade ou un appel téléphonique, et si vous faites cette démarche pour offrir vos services, alors vous ne vous sentirez plus isolé. Vous n'aurez peut-être pas trouvé l'amour, mais vous deviendrez une source de compassion bienveillante pour une autre personne.

Les masques de l'amour

Dans le cadre d'un atelier, j'ai confectionné un masque de mon propre visage que j'ai peint bleu, vert et argent. Je lui ai donné le visage de la fille de la Lune parce que c'était mon humeur du moment. Le masque me représentait oui et non. Je l'avais modelé directement sur mon visage avec des bandes de plâtre que j'avais laissées sécher jusqu'à ce qu'il soit possible de le soulever d'un seul bloc. Ceux qui ont déjà fabriqué de tels masques savent combien ce moment est étrange. Il y a désormais deux visages dans la pièce : un qui est vivant et qui respire, un visage humain ressuscité des morts avec des plaques de plâtre dessus ; et l'autre, un simulacre de vie, un visage immobile qui ne respire pas, mais qui donne l'impression d'être vivant.

Un de mes amoureux de l'époque est demeuré figé devant mon masque peint que j'avais accroché au mur, à la maison. Jamais mon vrai visage n'a reçu autant d'attention. Il a même tendu la main pour caresser les traits et les contours de plâtre pendant que je l'observais, enchantée de voir quelqu'un si captivé par une image de moi.

« Surtout, ne te vexe pas », m'a-t-il dit. « Tu es belle, tu sais, mais ce masque est encore plus beau. » Bien sûr qu'il l'était. C'était un masque, après tout. Il était propre, pur, lisse et impeccable. Il n'avait aucune ride d'inquiétude ou de colère, aucune cicatrice ou tache, aucun regard embarrassé. C'était une version sans défaut de moi-même, le visage que j'aurais aimé présenter à mes amoureux potentiels, si seulement j'avais pu le garder en permanence.

Voici une belle ironie de l'amour. Nous voulons que la personne tombe amoureuse de l'être que nous sommes vraiment, alors que, durant notre quête d'amour, nous avons tendance à porter un masque. Tout le monde rêve au plus profond de son être d'être aimé tel qu'il est. Nous voulons être aimés quand nous sommes stupides et méchants, vaniteux et irritables, égoïstes et insensibles. Nous voulons trouver cette âme sœur qui nous aimera si profondément qu'elle pardonnera notre humeur solitaire et verra au-delà de notre gros nez ou des imperfections de notre peau pour apprécier l'être aimable que nous sommes. C'est un fait, même chez les nombreuses personnes qui se disent : « Tu ne m'aimerais pas si tu savais *vraiment* qui je suis. »

Et que faisons-nous ? Nous portons des masques partout où nous allons. Les personnes qui nous connaissent le mieux, comme nos amis et notre famille, nous connaissent dans toute notre complexité. Elles nous connaissent au naturel, avec nos qualités et nos défauts. Mais personne n'ose draguer au naturel. Pour séduire, nous avons recours à divers artifices comme le maquillage, les produits capillaires, les multiples séances d'essayage de vêtements aussitôt abandonnés sur le plancher de la chambre à coucher, les expressions empruntées aux vedettes de cinéma et répétées devant un miroir, les phrases pour séduire sur les « clavardages », le verre d'alcool qui donne du courage, les poses affectées avec une cigarette à la main et les mouvements sur la piste de danse.

Je connais mon masque et je sais qu'il ne m'est plus utile. C'est le masque de l'indifférence. J'ai appris très tôt à le porter pour me protéger, pour ne donner à personne la satisfaction de voir qu'il m'avait blessé. Je ne voulais surtout pas perdre la face. Je savais si bien cacher mes émotions que les gens croyaient que j'étais indifférente à tout, ce qui était encore plus agaçant. Un jour, ma directrice d'école m'a passé un savon à cause de mon je-m'en-fou-tisme. Par la suite, elle a raconté à ma mère que c'est seulement en aperce-vant une veine battre violemment dans mon cou qu'elle a su qu'elle m'avait atteinte.

Je mesure aujourd'hui, avec l'âge, le prix de cette froideur apparente. Combien de fois j'aurais aimé que les gens persistent et essaient de pénétrer ce masque pour découvrir mes sentiments. Mais il était si bien en place qu'ils préféraient passer outre, sans savoir que j'étais intéressée ou que je me sou-ciais d'eux. On est bien protégé derrière un masque, mais bien seul, égale-ment.

Il faut cependant dire que les masques ont un usage limité. Ils sont telle-ment unidimensionnels. Remplissent-ils vraiment le rôle que vous souhai-tez ? Il y a le masque faisons-la-fête, le masque tout-ce-que-tu-dis-est-fasci-nant, le masque tu-ne-m'impressionnes-pas et le masque j'ai-tout-compris.

Tous ces masques finissent un jour ou l'autre pas laisser tomber leurs pro-priétaires. Les masques vous aident à franchir la porte, mais ils ne vous aident pas à rester là où vous souhaitez être. Et tous ceux qui portent un masque en viennent à se demander pourquoi la personne qui les intéressait n'a pas eu l'intelligence ou ne s'est pas souciée de voir la vraie personne qui se cachait derrière ce masque.

J'aime bien la dame qui, lors d'une visite à la reine, s'était fait demander de montrer ses bonnes manières et avait répondu : « J'adopte les mêmes manières partout où je vais. » J'aime les gens qui sont toujours eux-mêmes peu importe la situation. Ils ne sont ni distants, ni trop exubérants. Ils ont suf-fisamment confiance en eux pour s'intéresser vraiment aux autres. Ils peuvent se montrer amicaux sans que cela soit mal interprété. Ils ne jouent pas la comédie. Quel soulagement !

Ne pas porter de masque ne veut pas dire présenter au monde un visage mal rasé ou pas maquillé. Cela ne veut pas dire qu'il faut être franc au point de devenir insolent. Vivre sans masque est un acte de bravoure, parce qu'en cas de rejet, c'est vous qui êtes rejeté, et non pas la partie de votre être que vous avez choisi de montrer ce jour-là. C'est une grande libération de rencontrer quelqu'un qui demeure lui-même, car vous pouvez laisser tomber votre propre masque. Le moyen le plus efficace et le plus rapide de connaître la vraie personnalité des gens est de vivre sans masque. Au fond, c'est tout ce que nous souhaitons, parce que la particularité des personnes qui nous sont proches dans la vie repose justement sur le fait que nous pouvons nous détendre et rester nous-mêmes en leur présence.

Cinquante manières de quitter l'être cher

Il est toujours préférable d'être gentil. Il est toujours préférable de protéger l'ego de l'autre s'il ne vous a pas fait de mal, et parfois même s'il vous en a fait. C'est lâche de fuir. C'est cruel de couper tous les liens. Je tiens cependant à demander pardon pour avoir moi-même manqué d'amabilité à maintes reprises.

J'ai posé un lapin à quelqu'un. J'ai dit que j'allais rappeler, mais je ne l'ai pas fait. Ou j'ai rappelé pour dire que j'avais rencontré un autre homme. J'ai écrit une lettre pour annoncer que j'avais rencontré quelqu'un d'autre. J'ai fui la maison plutôt que de rester pour être là à son arrivée. J'ai menti au sujet de ma décision de partir, pour l'empêcher d'accourir. Après tout un hiver passé à échanger des lettres avec un amour d'été, j'ai commencé à avoir le béguin pour lui, jusqu'à ce que je réalise soudainement que je souhaitais avoir un autre amoureux pour les prochaines vacances. J'ai envoyé des réponses désinvoltes à des hommes qui m'avaient écrit qu'ils m'aimaient. J'ai mangé les mets achetés et même cuisinés par des hommes, pour aussitôt me trouver une excuse et déguerpir à toute vitesse. J'ai pris place dans des automobiles et des taxis et j'ai dit « merci pour la belle soirée, mais je ne t'invite pas à monter, salut ». J'ai donné un faux numéro de téléphone à quelqu'un, parce que j'étais trop lâche pour lui dire de ne pas m'appeler. J'ai marché en silence sur la plage aux côtés d'un amoureux intrigué, avec qui je n'aurais jamais dû partir de toute manière. J'ai éclaté de rire au visage d'un homme qui me faisait une offre sérieuse. J'ai ignoré des gens au lieu d'avoir le courage de leur dire ce que je ressentais vraiment.

En retour, et je ne l'ai pas volé, voici ce qu'on m'a fait. J'ai vu plus d'un homme claquer la porte derrière lui malgré mes supplications. J'ai passé plus d'une nuit éveillée dans un lit vide, à compter les heures en solitaire en attendant, sans trop y croire, le retour de celui qui devait rentrer à la maison. J'ai attendu un homme à la gare qui ne s'est jamais présenté, me laissant ainsi savoir que tout était fini entre nous. J'ai reçu des cartes postales d'un amoureux envoyées de Paris par un de ses amis parce que l'amoureux en question était parti ailleurs avec une autre femme et m'avait menti à ce sujet. J'ai cuisiné des bons petits plats à mon amoureux qui a fini par se lasser et n'est plus jamais revenu. Il n'a même pas rappelé. Jamais.

Il m'est aussi arrivé de rompre avec élégance. Et il est arrivé à mes amoureux de rompre avec élégance avec moi. Parfois, ils ont accepté mon départ avec tant de grâce que j'en ai pleuré, comme cet homme qui m'a écrit dans une lettre magnifique que plein d'endroits, et même une ville entière, Paris, ne seraient plus jamais les mêmes sans moi. Ça, c'est du style ! Une rupture est toujours difficile à vivre, mais il m'a enseigné que même dans la défaite, il est possible de garder le moral. Il faut dire qu'il était plus âgé que moi, et qu'il faut toute une vie pour acquérir une telle élégance et un tel pouvoir d'empathie.

Narcisse et l'art de s'aimer

Combien de fois ai-je entendu : « Tu ne peux aimer personne tant que tu ne t'aimes pas toi-même. » Cette phrase me fait chaque fois froncer les sourcils. S'aimer soi-même, n'est-ce pas égoïste et narcissique ? La plupart des gens de ma culture — celle de l'après-guerre, puritaine, solidaire et qui ne se laisse pas abattre — réagiraient de la même manière. Mais la culture a changé. Les gens sont aujourd'hui plus individualistes. Ils ne se soutiennent plus entre eux. Ils prennent plutôt soin de leur nombril. On ne compte plus les livres, les ateliers et les articles de magazine qui soulignent l'importance de s'aimer soi-même, mais qu'est-ce que cela signifie au juste ? Pour s'aimer, ne faut-il pas d'abord se connaître ?

Narcisse s'aimait et cela ne l'a mené nulle part. C'était un beau jeune homme qui passait ses journées à regarder son reflet dans une source, tant il était émerveillé par sa propre beauté. Amoureux de lui-même, il est mort de désespoir, hypnotisé par son reflet. Le beau jeune homme s'est transformé en fleur et a été condamné à vivre prisonnier dans un vase pour l'éternité. Dans ce mythe, l'amour de soi est un sentiment égoïste, à sens unique et plein d'égards pour soi. En quoi cela est-il bien ? Ne risquons-nous pas de devenir une génération narcissique ? Les bébés sont des êtres narcissiques. Ils s'attirent l'amour de tous et, à cette étape de leur développement, sont incapables de se tourner vers les autres, de s'autodiscipliner et de faire preuve d'empathie, bref, de démontrer qu'ils ne sont pas le nombril du monde. Il n'y a rien de plus casse-pieds que des adultes narcissiques.

Et pourtant, il doit bien y avoir une autre forme d'amour de soi. Jésus disait qu'il faut aimer son prochain comme soi-même. Cette exigence morale n'aurait aucun sens s'il ne parlait pas de s'aimer soi-même d'une manière ou d'une autre. Chaque religion véhicule ce message central : pour qu'il y ait de la bonté et de l'amour dans le monde, il faut faire aux autres ce que nous aimerions qu'ils nous fassent. Puisque nous croyons mériter d'être traités avec gentillesse, générosité, bonté, attention, amour et considération, ne devrions-nous pas automatiquement agir de même envers les autres ? Le fait d'avoir confiance en leur valeur personnelle et non en leur importance donne aux gens l'ouverture et la confiance nécessaires pour construire des relations empreintes d'amour et de générosité.

Vous n'avez qu'à regarder autour de vous pour savoir comment les gens se comportent en amour quand ils ne s'aiment pas ou, comme je préfère le croire, ignorent leur valeur personnelle. Ils rendent les autres extrêmement malheureux, voire misérables. Quand vous manquez de confiance en vous, vous devenez anxieux, jaloux, dépendant, exigeant et manipulateur. Au lieu de donner et de recevoir librement de l'amour, vous trouvez des façons de piéger votre partenaire et vous avez toujours peur de ne pas être aimé en retour.

Quand vous doutez de vous-même, vous essayez d'attirer les gens dans votre sillage en détruisant leur confiance en eux. Quand vous avez une mauvaise estime de soi, vous supportez la violence physique et psychologique, parce qu'au fond de vous, vous croyez que c'est ce que vous méritez. Vous croyez mériter d'être aimé de cette façon et vous avez encore plus peur de perdre cette relation toxique que d'éprouver le sentiment d'être seul. Les personnes qui ont une très grande estime de soi ne craignent pas la solitude, au contraire. Elles sont tristes après une rupture amoureuse, mais n'iraient jamais jusqu'à croire qu'elles méritent d'être malheureuses.

À une certaine période de ma vie, j'ai eu recours à la manipulation et au chantage émotif, et je dois avouer que, même si cela rapporte à court terme, c'est un comportement malsain à la longue. Il est possible d'obliger quelqu'un à vous dire qu'il vous aime, mais il se sent alors manipulé, et vous en sortez insatisfait parce que vous avez obtenu cet aveu de force. Il n'a aucune valeur.

J'ai remarqué que les personnes qui avaient pleinement conscience de leur valeur n'éprouvaient aucun goût pour les jeux de pouvoir ou les crises d'hystérie. Elles ne veulent pas perdre leur temps à marcher sur des œufs ou à tenter d'apaiser un partenaire caractériel. Elles n'attireront jamais un partenaire violent, parce que leur antenne est plutôt tournée vers le respect et l'égalité.

Il est difficile pour les personnes qui n'ont pas reçu suffisamment d'amour durant leur tendre enfance d'avoir confiance en leur valeur personnelle, mais il est toujours possible de réparer les dommages à l'âge adulte. Il existe heureusement de nombreuses façons de retrouver l'estime de soi et de faire en sorte que la vie vaut la peine d'être vécue. C'est dans l'action qu'on construit sa propre valeur. On acquiert une bonne estime de soi en développant une habileté, en pratiquant un sport, en faisant de la course à pied, en apprenant à danser, à chanter ou à jouer d'un instrument, en apprenant une autre langue, en faisant du bénévolat, en assumant des responsabilités, en organisant un événement, en participant à une collecte de fonds, en s'impliquant dans sa communauté, en perfectionnant un art ou une habileté manuelle, en surmontant une épreuve. En plus de se sentir mieux en agissant et en se joignant aux autres, on rencontre davantage de gens louables et intéressants et on apprécie encore plus la vie.

L'estime de soi et la joie de vivre naissent dans l'action et non dans la passivité. Cela se reflète bien entendu dans la façon dont vous interagissez avec les autres et vous aide à élargir considérablement votre cercle de connaissances. Méfiez-vous de l'amour de soi qui vous tient à l'écart de la vie, comme Narcisse au bord de sa source. Quel est l'avantage de savoir que vous êtes un être merveilleux si vous ne trouvez personne qui abonde dans le même sens ?

La loyauté familiale, une loyauté fatale ?

Il n'y a rien comme l'amour pour apprendre à vraiment nous connaître. En effet, c'est dans nos relations que nous découvrons nos défauts ou que nous testons notre capacité de donner et de faire preuve d'abnégation. Il arrive tôt ou tard que ces leçons deviennent si contraignantes et douloureuses que beaucoup de gens ressentent le besoin d'aller consulter en dehors de leur relation, et même de leur cercle social. Peu importe la candeur ou l'expérience d'une personne, celle-ci demeure toujours curieuse, secrètement ou ouvertement, de comprendre le phénomène de l'amour.

Cela commence durant l'enfance, avec les courriers du cœur. Je me souviens des magazines que nous lisions en cachette à la bibliothèque de l'école et qui traitaient de problèmes dont nous ignorions même l'existence. De nos jours, les courriers du cœur pour adolescents sont lus par des préadolescents et traitent d'amour avec un grand A, de contraception et de fellation.

Plus vous prenez de l'expérience, plus il est urgent de lire sur le sujet et de mieux comprendre l'amour, étant donné que les risques de commettre de graves erreurs augmentent. Depuis des décennies, des millions d'individus ont suivi des thérapies de couple ou des séances de counseling relationnel. Beaucoup d'entre eux ont appris ce que j'ai moi-même découvert en consultation : combien nous ne sommes pas à l'écoute de notre partenaire et combien nous risquons de souffrir quand nous le sommes vraiment. Mais pour comprendre davantage les relations amoureuses, vous devez en savoir beaucoup plus que ce qui se passe entre votre partenaire et vous. Vous devez vous transformer en archéologue.

Tard dans ma vie adulte, j'ai suivi deux méthodes thérapeutiques que j'aurais bien aimé connaître plus tôt. Grâce à ces deux méthodes, j'ai appris d'importantes leçons sur les origines de notre capacité d'aimer ainsi que sur les moyens à prendre pour aimer de manière plus saine. Elles ont toutes les deux modifié la vision que j'avais de ma famille et de mes relations intimes.

La première méthode s'appelle les « Constellations familiales ». Elle a été développée par Bert Hellinger, un missionnaire allemand devenu psychanalyste. Elle est maintenant enseignée partout dans le monde. Sa thèse sous-jacente — élaborée après des années passées auprès des Zoulous, en Afrique du Sud, et des études sur les psychothérapies occidentales — soutient que l'amour se transmet naturellement entre les membres d'une famille et les générations qui les suivent, à moins que quelque chose ne vienne l'entraver. Quand un individu souffre d'un problème émotif, c'est souvent en raison d'un traumatisme ou d'un blocage qui remonte loin dans sa lignée et qui empêche l'amour de circuler librement. Un atelier des Constellations familiales constitue, selon moi, un processus extraordinaire, à la fois mystérieux et touchant. Les participants doivent désigner des personnes au sein du groupe pour représenter les membres de leur famille et ensuite observer les drames inconscients qui émergent à leur contact. Ces groupes forment ce qu'on appelle les « constellations ». En laissant ces gens interagir de manière instinctive, il se produit une forme d'alchimie : les participants expriment involontairement les émotions ressenties par les vrais membres de la famille, même s'ils ignorent tout d'eux. L'animateur aide à favoriser le déroulement en groupe et invite même d'autres gens à se joindre à la constellation de manière à ce que le traumatisme familial soit révélé. Puis, l'animateur établit un rituel de reconnaissance et de pardon, qui aide l'individu à se libérer de son besoin inconscient d'être serviable et loyal envers sa famille.

Le noble but de cet exercice est de rompre les loyautés invisibles mais parfois fatales qui unissent les familles, même celles qui sont malheureuses, et de briser le cycle pour les générations futures. J'ai participé à deux reprises à un atelier des Constellations familiales et j'ai été profondément touchée par le processus. C'est un grand privilège que de participer aux constellations d'autres gens.

Il existe des liens entre le travail de Bert Hellinger et de ses partisans et celui effectué dans le cadre du Processus Hoffman, qui est également enseigné à l'échelle internationale. Bob Hoffman a eu le génie d'intégrer différents types de psychothérapie dans le cadre d'un séminaire résidentiel intensif de huit jours. Il permet aux participants de déterminer la dynamique familiale qui est à l'origine de leur capacité d'aimer et de reconquérir cette dernière, afin de pouvoir aimer profondément et d'entretenir des relations saines plutôt que malsaines avec leur entourage. Bert Hellinger et Bob Hoffman reconnaissent tous les deux le pouvoir intense et invisible de ce que Hoffman appelle « l'amour négatif », cette loyauté contraignante que nous éprouvons inconsciemment envers notre famille et qui nous pousse à adopter des rôles et à sacrifier qui nous sommes au nom des valeurs familiales, peu importe si elles sont destructives. Selon Bob Hoffman, la personnalité de l'être humain comprend quatre dimensions — émotionnelle, intellectuelle, physique et spirituelle —, et le travail effectué durant le séminaire vise à donner voix à chacune de ces dimensions et à les intégrer.

Le Processus Hoffman est plus long, plus intense, plus explicite, plus structuré, mieux conçu et plus facile à intégrer dans nos vies que les Constellations familiales. À la fin du séminaire, vous vous sentez stimulé, mais aussi bien ancré, en plus de posséder une foule de techniques que vous pourrez appliquer dans votre quotidien. Vous pouvez aussi compter sur le soutien de l'Institut Hoffman et d'un réseau de participants qui peuvent vous aider à renforcer ce que vous avez appris. La méthode utilisée dans l'atelier des Constellations familiales s'intègre plus difficilement à la vie quotidienne, bien qu'elle fonctionne en thérapie. Elle est cependant aussi profonde, surtout quand vous participez aux constellations des autres membres du groupe et éprouvez le sentiment étrange d'incarner les émotions de parfaits inconnus. Chaque fois que j'ai participé à un atelier, je me suis longuement interrogée sur la nature distincte de la personnalité humaine. J'ai compris qu'en fait, nous n'étions pas vraiment distincts les uns des autres. Nous ne sommes que des cellules dans un corps humain, qui ont la mémoire du passé et du présent. Quand les circonstances s'y prêtent, l'expérience d'un individu devient celle de tous. Les frontières qui nous séparent les uns des autres sont infimes. Peut-être est-ce là le message des grands mystiques, mais vous pouvez l'expérimenter avec ces deux méthodes.

Pourquoi vouloir gaspiller du temps et de l'argent pour entreprendre une telle démarche ? Je connais beaucoup de gens, surtout ceux qui sont peu enclins à analyser leurs émotions même quand tout va bien, qui préféreraient avoir une jambe cassée, plutôt que d'étaler leurs émotions au grand jour devant des étrangers.

Et pourquoi pas ? L'amour est le plus grand mystère et le plus grand défi de notre vie. J'ai lu l'histoire d'un homme qui a failli perdre la vie durant une traversée transatlantique à la rame. Il s'est alors demandé pourquoi il n'avait pas peur d'affronter la mort en plein océan, alors qu'il éprouvait tant de difficultés dans sa vie personnelle. « J'en suis venu à la conclusion suivante, écrit-il dans son livre. Vous ne pouvez pas contrôler les relations que vous entretenez avec d'autres individus, avec vos amoureux et les êtres qui vous sont chers. » Il a constaté qu'il lui était beaucoup plus facile de traverser l'Atlantique que d'entretenir des rapports avec d'autres personnes.

Je peux le comprendre. Quand je connais des difficultés amoureuses, les effets peuvent être dévastateurs, autant pour moi que pour les autres. J'ai appris à travers les ateliers de Bert Hellinger et de Bob Hoffman que nous *sommes* les autres, et cette découverte a changé ma vie. J'ai beaucoup ri et pleuré. J'ai ressenti intensément mes émotions et j'ai réfléchi profondément. Grâce à ces ateliers, j'ai acquis une certaine compréhension et beaucoup de compassion. Ils m'ont aidée à ouvrir des portes et à abaisser des barrières dans ma propre vie, en plus de me faire découvrir ce qui était à l'origine de mon comportement et de celui des autres.

L'amour n'est pas théorique. Il s'agit d'une expérience surtout pratique. En suivant des méthodes progressives comme celles utilisées dans ces deux ateliers, menées par des gens formés et responsables, vous expérimentez ce qu'est l'amour, et cela peut changer la façon dont vous menez votre vie. J'aime aussi le fait que les gens qui animent ces deux types d'ateliers ne sont pas du genre à prêcher ou à vous mettre de la pression. Leur seul désir est de travailler avec des gens qui souhaitent vraiment participer et qui effectuent le travail quand ils se sentent prêts. J'aurais bien aimé participer à ces ateliers plus tôt dans ma vie. Vous trouverez à la fin du livre les références pour communiquer avec l'un ou l'autre de ces organismes.

Tout le monde a du vécu

Voici une réflexion qu'on entend souvent chez des gens qui ont déjà connu l'amour et qui tentent de nouveau de trouver l'âme sœur : « Elle est bien, mais elle vient avec un bagage beaucoup trop lourd pour moi. » Ils parlent bien sûr d'un bagage émotionnel. Celui-ci comprend les passions éteintes, peut-être même un mariage ou deux et, pire, des enfants. Ainsi, dès le départ, la personne entre dans la course à l'amour avec un handicap.

Les gens qui recherchent des partenaires sans bagage émotionnel veulent quelqu'un qui possède un cœur pur et non désabusé. Et ils n'aiment pas la compétition, pas même de la part des enfants de leur nouveau partenaire. Certains recherchent aussi un corps vierge et pur, ce qui limite encore plus leur choix. Ils ne souhaitent pas être confrontés à de mauvaises surprises, comme d'anciens amants qui surgissent de nulle part pour raconter leurs histoires d'amour au plus offrant, ou des enfants qui frappent à la porte, une valise à la main. Ils ne veulent pas d'un partenaire qui a du vécu, même si, d'après mon expérience, ils ne se plient pas aux mêmes règles.

Le fait est que tout le monde a du vécu. L'être humain qui vient sans aucun bagage émotionnel n'existe pas. Le mariage du prince Charles et de la princesse Diana est un des cas les plus célèbres, où la recherche d'un amour chaste et pur s'est avérée un pur échec. Diana devait être jeune, vierge, innocente et docile. Nous savons tous ce qui est advenu. Elle possédait toutes les qualités recherchées, mais avait tout de même du vécu. Enfant, elle avait été gravement affectée par le divorce de ses parents et avait perdu toutes ses illusions sur le prince charmant avant même le jour de son mariage. Charles possédait son propre bagage émotionnel : une femme mariée avec qui il aurait préféré unir sa vie, et qu'il a fini par épouser. Leur supposé conte de fées s'est donc lentement désintégré sous le regard de tous.

Je répète : tout le monde a du vécu. Dans les sociétés qui, contrairement à l'Occident, n'accordent pas autant d'importance à l'amour romantique, la famille compte autant que les deux fiancés. Mais peu importe la culture dans laquelle vous vivez, vous épousez aussi votre belle-mère, ses sœurs, ses cousins et ses tantes. Voilà pourquoi il est sage de prendre conscience des rapports familiaux de votre partenaire. Observez plus particulièrement la relation qu'entretient votre amoureux avec ses parents et la relation entre son père et sa mère. Vous risquez tôt ou tard de vous retrouver dans la même situation que votre belle-mère ou votre beau-père et de revivre le passé malgré vous. Une personne avertie en vaut deux.

Il existe d'autres sortes de bagages, beaucoup moins visibles, comme le désir inavoué de votre partenaire de vous changer ou de vivre d'une certaine manière, le désir d'avoir ou non des enfants, la tendance génétique à devenir gros et paresseux ou à mourir d'un infarctus, un mauvais caractère dissimulé durant les fréquentations ou une tendance à la dépression qui est camouflée par l'euphorie de l'amour. Combien de fois avez-vous entendu dire : « Tout allait bien jusqu'à ce qu'il change complètement de caractère » ? Le tempérament des gens ne change pas vraiment. Un jour ou l'autre, ils finissent toujours par étaler leur bagage au grand jour.

L'une des raisons pour lesquelles il est si difficile de demeurer longtemps dans une relation amoureuse est le fait que votre partenaire possède souvent un vécu que vous ignoriez. Pour les êtres humains, cela représente le plus grand défi émotionnel. Vous croyiez connaître votre partenaire et vous ne le reconnaissez plus, mais il est alors trop tard. Voilà pourquoi une relation réussie doit ressembler à une valise extensible dotée d'une capacité infinie.

Souvenirs de Paris

La plupart de nos histoires d'amour se passent au bureau, dans des ruelles, des immeubles à logements, des voitures garées et devant le poste de télévision. Cela vaut le coup d'épargner de l'argent pour un billet d'avion, parce qu'il est toujours plus agréable d'être en amour dans un lieu de rêve. Même si la relation ne dure pas, vous n'oublierez jamais la main que vous avez tenue en marchant le long de la Seine ou en vous assoyant devant le Taj Mahal. Comme Humphrey Bogart et Ingrid Bergman dans *Casablanca*, peu importe ce que l'avenir vous réserve, Paris demeurera à jamais dans vos souvenirs.

Quand je songe à ma vie, je constate que je me souviens surtout des moments passés dans des lieux exotiques, alors que les années vécues dans mon habitat normal, à Londres et en Angleterre, ne sont plus qu'un vague souvenir. Voilà pourquoi j'affectionne particulièrement les amours de vacances. Il est bien sûr plus facile d'être romantique dans un lieu étranger et magnifique, souvent avec une personne que vous ne reverrez pas, mais que vous n'oublierez jamais. En voyage, vos sens sont exacerbés. Votre antenne vibre. Il est tellement plus agréable de visiter un nouvel endroit et une nouvelle culture main dans la main avec un nouvel amoureux. Vous garderez toujours cette ville ou ce paysage dans votre cœur parce que vous l'avez vu dans un état euphorique, stimulé par vos hormones.

Grâce à l'amour, j'ai des souvenirs romantiques liés à la France, la Grèce, le Japon, Israël, la Tanzanie, l'Éthiopie et l'Italie — des endroits où l'excitation de découvrir une autre personne était agrémentée d'un décor magnifique, comme une plage au bord de l'océan Indien, une forêt tropicale humide, un traversier grec ou un restaurant parisien. Il y a cependant un revers à la médaille. S'il vous est impossible de trouver l'amour ailleurs que dans des lieux étrangers, vous êtes peut-être de ces gens qui ne connaissent que des amours éphémères. Que ce soit chez un homme ou une femme, les amours à répétition reflètent souvent une peur de l'engagement. Et si vous n'expérimentez l'amour qu'en voyage, il serait sans doute utile d'examiner votre vie au quotidien. Même si je vante les amours de vacances, je ne recommande surtout pas le tourisme sexuel, celui où vous vous rendez dans une destination exotique pour avoir des rapports sexuels avec un être beaucoup moins riche et moins puissant que vous.

Je parle de l'amour entre des êtres égaux et de l'effet stimulant que peut avoir un paysage sur une relation durable. J'ai rencontré mon époux écossais sur une île grecque. Nous avons passé une semaine idyllique à nous promener à flanc de coteau, au milieu du parfum du thym et du chant des coucous. Nous nous sommes mariés en Éthiopie et avons vécu en Afghanistan. Nous sommes séparés depuis longtemps, mais nous demeurons liés par nos premières années de mariage. Il y aura toujours entre nous Addis-Abeba et Massawa, le lac Haïk et Lalibela, Kaboul et le minaret de Jam.

J'ai épousé l'homme, mais je ne voulais pas passer ma vie dans des lieux exotiques, ce qui est l'une des raisons de notre rupture. Il y a des limites à ce qu'un paysage magnifique peut apporter. Certaines personnes tombent aussi amoureuses du lieu et finissent par épouser un homme de la tribu des Masaï ou un pêcheur grec. Parfois, cela dure, parfois non, quand elles ont plutôt été aveuglées par la beauté du lieu. Mais peu importe la façon dont leur amour se termine, ce dernier aura été beaucoup plus riche et intéressant que si elles étaient simplement demeurées à la maison.

Le jour de mon mariage

J'aime les histoires d'amour, et tout le monde reconnaît le jour du mariage comme la fin heureuse du célibat. C'est aussi une histoire complète en soi, avec un début, un milieu et une fin. Le mariage possède ses propres costumes, ses lumières, ses acteurs de soutien, sa musique et ses intrigues secondaires. Il s'agit d'un moment si excitant et significatif que beaucoup de gens, des femmes pour la plupart, rêvent assurément de leur mariage depuis l'enfance, imaginant la cérémonie avant même de pouvoir visualiser le visage de la personne qui se trouvera à leur côté. Malgré tout ce dont j'avais rêvé, jamais je n'aurais pu imaginer la façon dont mon mariage s'est déroulé. Voici un fait vécu.

L'histoire commence par la rencontre de mon futur époux sur l'île grecque de Rhodes. C'était un jeune médecin écossais. Il avait pris un vol de dernière minute à tarif réduit pour s'évader de ses longues heures de pratique dans un service de pédiatrie. J'étais une jeune journaliste en vacances avec mon amie Valérie, avec qui je partageais une villa dans le village pittoresque de Lindos. Un soir, alors que nous faisions la fête sur le toit d'une villa, Valérie s'est avancée vers moi en guidant à travers le groupe un jeune homme qui portait un petit béret noir en feutre et une moustache de zapatiste. « L », m'a-t-elle dit, parce que c'est ainsi qu'elle m'appelait. « L, je te présente le Dr Ken. »

Durant la semaine qui a suivi, Ken et moi avons beaucoup bu. Nous avons fait une escapade sur une autre île et des randonnées à flanc de coteau, au milieu du parfum du thym et du chant des coucous. C'était le printemps. Il m'a parlé des montagnes qu'il avait escaladées. Nous avons aussi discuté des aventures que nous aimerions vivre et combien il serait agréable de quitter nos emplois pour aller découvrir le monde. Autant sur les plages, au milieu des rochers qu'au bord de la mer, nous nous sommes demandé pourquoi la vie ne pouvait pas toujours être ainsi. Il devait retourner à Londres avant moi et, à mon retour à la maison, j'ai découvert à mon grand étonnement qu'il ne m'avait pas raconté des boniments. Il avait quitté son emploi et avait déjà commencé à postuler à l'étranger. J'ai été tellement inspirée par sa détermination et sa vision de la vie que j'ai quitté mon emploi au journal. Mon destin et celui de Ken étaient déjà liés.

Moins d'un an après, nous vivions ensemble dans une maison de boue et de paille rose et verte, avec un toit en tôle, à plus de 2 438 mètres d'altitude dans les hautes terres d'Éthiopie, avec un chien, un chat et un canard blanc d'Aylesbury nommé « George ». Mon amoureux écossais travaillait pour l'organisme Save the Children et développait des programmes de santé en milieu rural dans les provinces du nord de l'Éthiopie. Il m'arrivait de l'accompagner à travers les paysages montagneux spectaculaires. Parfois, aussi, je restais à la maison avec le chien, le chat et le canard, et je testais mes talents d'écrivain. Les mois ont passé, et nous avons décidé de nous marier.

Il y a très peu de chapelles presbytériennes dans les champs de bruyère éthiopiens. Nous nous disions qu'il serait romantique de parcourir le trajet entre Addis-Abeba et l'ancienne colonie française de Djibouti, au bord de la mer Rouge, à bord d'un vieux train à vapeur. Nous pourrions nous marier là-bas et profiter de la bonne cuisine française et du champagne. Mais au même moment, les tribus Afar, situées dans l'est du désert, sont entrées en conflit avec le gouvernement éthiopien, et le train a alors cessé de se rendre à Djibouti. Il était donc hors de question d'y aller.

Nous avons alors songé qu'il serait très romantique de nous marier à l'ambassade britannique d'Addis-Abeba, mais celle-ci nous a expliqué que même si la Grande-Bretagne possédait des lois maritales exemplaires, ses citoyens basés outre-mer devaient se marier selon les lois en vigueur dans leur pays de résidence. Nous avons donc fait publier nos bans au consulat britannique et avons réservé une date dans le registre des mariages, des divorces et des décès dans une immense tour en béton de la municipalité d'Addis-Abeba.

Cela m'a un peu déprimée. Je n'avais jamais vraiment fantasmé sur le jour de mon mariage, mais je n'aurais jamais imaginé que cela se passerait dans un immeuble à bureaux, sans échange de promesses. Je voulais de la poésie, une certaine forme de déclaration publique, un rituel et le réconfort des paroles familières prononcées lors d'une cérémonie de mariage, même s'il n'était que civil. Mais mon futur époux m'a dit de cesser de bouder : j'avais l'air d'accorder plus d'intérêt à la cérémonie qu'au fait que j'unissais ma vie à la sienne, ce qui était beaucoup plus important. J'ai donc cessé de me plaindre et me suis consolée en allant choisir ma robe de mariée.

En Éthiopie, le vêtement traditionnel, autant pour les hommes que pour les femmes, comprend un voile en coton appelé *shamma*, d'un blanc immaculé avec une bordure brodée. Les Éthiopiennes le portent par-dessus une robe cintrée en coton blanc assortie d'une jupe plissée, une tenue qui ressemble à une robe de première communion. J'ai songé un moment à porter un *shamma* blanc pour me marier, mais je dois avouer que ce n'était pas une bonne idée : cette tenue ne m'allait vraiment pas. Heureusement, il y avait, à Addis-Abeba, une boutique de vêtements occidentaux tenue par une ancienne hôtesse de l'air d'Air France, et c'est à cet endroit que j'ai trouvé une robe pêche pâle qui avait suffisamment de classe pour remplir sa fonction.

Le matin du mariage, les futurs époux, assis sur leur lit, dans la chambre de l'hôtel Ghion, à Addis-Abeba, en ont profité pour procéder à un rituel qui ne semblait pas faire partie de la cérémonie officielle. Le marié a glissé un anneau autour du doigt de la mariée. C'était tellement excitant ! Un orfèvre du marché de Dessié nous avait confectionné une bague en or fin d'Éthiopie de 14 grammes. À notre retour à Londres, je l'ai apportée chez un joaillier pour y faire graver les mots « Ken. Lesley. 30 Genbot 1968 ». C'était la date de notre mariage (7 juin 1975), selon le calendrier éthiopien.

Aucun membre de nos familles n'était présent. Nous avons cependant reçu des télégrammes au bureau de poste d'Addis-Abeba. Nos amis, par contre, sont venus nous chercher pour nous conduire au bureau d'enregistrement des actes, et, soudainement, j'ai senti toute ma nervosité s'évanouir et je me suis mise à savourer mon bonheur. Le ciel était dégagé et ensoleillé. L'air était de la pureté à laquelle on doit s'attendre à plus de 2 000 mètres d'altitude. Les feuilles des eucalyptus frissonnaient dans le vent. Les rues, avec leurs bordures érodées et leurs caniveaux, étaient animées du trafic habituel d'Addis-Abeba : des convois d'ânes chargés de bois avançaient au trot, des voitures tirées par des chevaux transportaient au marché des femmes vêtues d'un voile, des hommes marchaient pieds nus comme il est d'habitude en Éthiopie, avec leurs bâtons de bois déposés à l'horizontale sur leurs épaules et leurs bras tendus en croix. Des femmes et des fillettes avançaient, pliées sous des piles de bois d'allumage ou des cruches d'eau en terre cuite très lourdes. Des chiens, des enfants et des poulets couraient dans tous les sens. La ville intemporelle bourdonnait comme une ruche, tandis que nous étions en route pour aller nous marier. C'était tellement excitant !

Dans la Belle au bois dormant, la princesse Aurore a eu droit à la visite d'une méchante fée à son baptême. Moi, j'ai eu celle d'un bigame. Je ne lui rejette pas la faute de mon divorce, qui s'est produit quinze ans plus tard, mais il faut dire qu'il y avait une certaine ironie dans le fait que l'un de nos quatre témoins, un enseignant anglais qui travaillait à Addis-Abeba, habitait avec sa femme et ses enfants d'origine britannique sur une rue, tout en ayant comme concubine une Éthiopienne avec qui il avait eu des enfants et qui vivait dans une autre maison située à moins d'un kilomètre. Il répétait souvent, en courant d'une maison à l'autre pour dîner avec une femme et déjeuner avec l'autre, que ce qu'il trouvait le plus difficile dans la bigamie, c'était de parvenir à manger toute cette nourriture.

La pièce dans laquelle nous nous sommes mariés, une fois que nous sommes parvenus dans le quartier bétonné de la municipalité, était froide et anonyme. Ken et moi, ainsi que nos quatre témoins, étions assis serrés les uns contre les autres sur des banquettes en cuir déchirées, pendant que le greffier éthiopien remplissait la page d'un immense livre. Il l'a ensuite fait circuler pour que nous le signions. Nous avons ainsi eu droit à plusieurs certificats de mariage, dont la moitié étaient rédigés en amharique, une écriture syllabique composée de signes, et l'autre moitié en anglais, avec nos photographies agrafées. C'est tout. Aucune parole, aucune promesse n'a été échangée. Il n'y a eu aucune musique non plus ni aucune déclaration d'amour ou d'engagement. Seulement nous, Dr et Mme Grant, qui nous sommes précipités en riant à l'extérieur, en nous regardant comme des enfants et en disant : « Nous sommes mariés ! », comme si nous n'arrivions pas à y croire.

Chez Castelli, le meilleur restaurant italien d'Addis-Abeba, nous avons mangé du homard de la mer Rouge et bu du champagne à une table recouverte de pétales de roses. Le restaurant nous a aussi offert en cadeau un immense bouquet de roses, et, plus tard dans l'après-midi, nous avons célébré dans le jardin de nos amis avec du vin et un gâteau de mariage. Sur ma photo de mariage préférée, j'ai les bras chargés de roses tandis que Ken tient George, le canard, qui appartenait à nos amis avant que nous l'adoptions. Plus l'après-midi filait, plus nous étions ivres, surtout le marié. Je suis certaine que je ne suis pas l'unique mariée depuis la nuit des temps à se regarder dans le miroir le jour de son mariage en se demandant : « Qu'as-tu fait là ? » Avec le recul, je suppose que mon nouveau mari s'était sans doute posé la même question, ce qui explique pourquoi il était si soûl.

Au coucher du soleil, nos amis nous ont reconduits à la gare. Nous sommes montés à bord du train de nuit en direction de Dire Dawa. Nous avons traversé les montagnes pour descendre vers le désert, en plein climat tropical. Nous nous sommes retrouvés dans un décor plat et torride. Des femmes vêtues de *shammas* aux couleurs et aux motifs éclatants vendaient des fruits tropicaux près de la voie ferrée.

Le jour suivant, mon nouvel époux et moi étions attablés à l'ombre, sur une terrasse d'une rue bordée d'arbres de Dire Dawa. Il était dégrisé et étrangement silencieux. « À quoi penses-tu ? » lui ai-je demandé. « Je me dis que maintenant que je suis marié, je vais devoir prendre certaines mesures, comme acheter une assurance-vie. » C'était la chose la plus gentille, la plus romantique qu'il m'ait jamais dite. Un an plus tard, il m'a aussi dit à propos de rien : « Parfois, je souhaiterais ne plus être marié. Mais alors, il se pourrait que je te rencontre, que je tombe amoureux et que je veuille de nouveau me marier. » C'était encore gentil de sa part !

L'hymne à l'amour

Vous savez que vous êtes amoureux quand la prose ne suffit pas. À l'adolescence, je trouvais refuge dans la poésie pour me consoler de mes nombreuses peines d'amour. Je possède encore un vieux cahier d'exercices dans lequel j'avais copié les poèmes qui me touchaient le plus. « Ne donnez jamais entièrement votre cœur », écrivait William Butler Yeats. J'étais jeune, mortifiée et cynique, alors je m'étais empressée de noter le poème. J'abondais exactement dans le même sens que le désillusionné Yeats. « Celui qui l'a fait en a payé le prix, car il a donné entièrement son cœur et l'a perdu. » Moi aussi, cher W. B., moi aussi.

Et pourtant, vous continuez de donner votre cœur jusqu'à ce que, avec de la chance, quelqu'un vous donne le sien en retour. Quand cela se produit, votre cœur s'emballe et flotte au-dessus du quotidien. Le discours et la cadence des impôts à payer et des journaux deviennent trop lourds. Vous avez besoin de musique. Vous avez besoin de rythme. Vous avez besoin de rimes et de métaphores. Je sais que je suis heureuse quand je me surprends à chanter tout haut. Je sais que je suis en amour quand je me surprends à écrire de la poésie.

La première année de mon mariage, j'ai composé une foule de chansons. Je me souviens des premiers jours de notre lune de miel en Éthiopie. J'étais allongée dans une chaise longue dans le magnifique jardin du Galela Palace Hotel. Celui-ci surplombait un lac, et il y avait des quantités d'arbres dans le jardin peuplés d'oiseaux tropicaux qui chantaient et gazouillaient. Comme je flottais sur un nuage, je m'étais sans doute mise à chanter et à gazouiller moi aussi. Je n'avais jamais composé de chanson de ma vie, bien que j'eusse écrit des poèmes. Au cours des semaines qui ont suivi, j'ai littéralement été possédée de chansons. Elles jaillissaient en moi, et je les enregistrais sans accompagnement avec un magnétophone. Elles reflétaient la joie de notre vie à deux, sur une montagne, à plus de 2 000 mètres d'altitude.

J'ai chanté ce que je ressentais en attendant que mon jeune époux rentre de ses longues expéditions. J'ai aussi décrit le confort de notre refuge pendant la saison des pluies et le bruit torrentiel des gouttes de pluie sur notre toit en tôle ondulée. J'ai composé des chansons sur les parties de poker que nous avons jouées avec nos amis et sur nos lectures à la lueur des chandelles. Toutes ces chansons parlaient du bonheur d'être amoureux.

C'est ce qui se produit quand le cœur est touché. Il est alors enclin à toutes sortes de débordements. Je vois des gens en amour qui sont prêts à tout donner. Les amoureux se surprennent à accomplir des choses inhabituelles : ils s'expriment à travers la poésie et la peinture, la broderie et le tricot, les fleurs et la nourriture. Le sentiment qui nous transporte ne peut s'exprimer de manière raisonnable et cohérente. Une telle confusion nécessite de l'exubérance.

Ces débordements de créativité me manquent quand ils disparaissent. Car ce jaillissement qui provient d'une source de joie finit toujours par se tarir. La phase des mots d'amour dure rarement, sauf si vous êtes poète. Si c'est le cas, vous avez alors pour mission d'exprimer ce que tout le monde ressent. Le reste d'entre nous finit par se calmer et par retourner au langage beaucoup plus pauvre des journaux et des feuilletons de la télévision.

Il y a aussi un autre moment qui provoque un soudain désir de poésie et de musique. La fin d'une histoire d'amour, quand elle est soudaine, peut avoir le même effet créatif, alors que nous exprimons notre tristesse et notre rage sur une feuille de papier ou une toile. Cela peut être très libérateur. Et si vous ne trouvez pas les mots appropriés pour exprimer vos émotions, vous pouvez toujours vous tourner vers les recueils de poésie et les disques, étant donné que Yeats, Shakespeare, Cole Porter, Leonard Cohen, Ted Hugues et Sylvia Plath ont su le faire à votre place. Si vous n'avez pas déjà un air triste préféré, il est temps d'en trouver un, que ce soit un air d'opéra ou un solo de guitare, car la musique et la poésie ont le don de faire surgir en vous des larmes libératrices. Moi, j'ai conservé quelque part une cassette de mes compositions écrites avec mon cœur. Elles me racontent encore aujourd'hui le bonheur que j'ai éprouvé quand j'étais jeune mariée, en Afrique, et follement amoureuse.

Le chemin de paix

Il est de plus en plus répandu chez les rares multimillionnaires de la planète qui ont beaucoup d'argent à perdre de signer un contrat prénuptial. Les milliards d'entre nous qui n'accomplissent pas ce geste savent qu'un tel contrat existe, parce que nous en entendons parler dans les films et les journaux à potins. Pour ceux d'entre nous qui ne sont pas des vedettes de cinéma, ces contrats reflètent un besoin de contrôler, un pessimisme et un manque de confiance, alors qu'il est peut-être intelligent de séparer les biens pendant que le couple s'aime encore. En effet, séparer les biens quand les personnes éprouvent de la rancœur et de l'amertume ne fait qu'exacerber ces sentiments, en plus de faire augmenter les frais d'avocat et diminuer le butin à diviser.

Le reste d'entre nous qui croit que nous n'avons pas assez de biens à diviser a tort. Il n'y a pas que l'argent en cause. Le capital émotionnel accumulé dans une relation heureuse est impossible à évaluer. Il est composé de bonheur, de contentement, de soutien émotif, de sécurité, de productivité et d'une profonde paix de l'esprit. Il comprend aussi les plus beaux dons de l'amour, ceux du sentiment d'appartenance et du sens donné à la vie. Les perdre peut s'avérer encore plus douloureux que la mort, quand il y a rupture.

Il devrait exister une autre forme de contrat prénuptial. Pas un contrat du genre qui anticipe un échec amoureux et sépare d'avance les biens, mais un contrat dans lequel les deux parties acceptent d'affronter et de résoudre les problèmes ensemble en suivant un processus que certains appellent le « chemin de paix ». Si seulement mes anciens partenaires et moi avions appris à écouter et à négocier de cette manière. Il faut dire que le précieux capital émotionnel accumulé dans une relation ne disparaît pas d'un seul coup. Il est plutôt dilapidé progressivement. Avec le temps, une relation malheureuse pourrit de l'intérieur, rongée par les termites de la colère, de la méchanceté et de la méfiance. En signant un contrat prénuptial de paix, le couple dispose de moyens de solidifier sa relation avant qu'elle n'éclate.

J'ai pris connaissance du « chemin de paix » dans un atelier animé par Seanna McGee et Maurice Taylor. Ils le décrivent en détail dans leur livre,

The New Couple. À mon grand étonnement, j'ai constaté combien il était facile de mettre leur méthode en pratique — parce qu'elle est relativement rapide. Extrêmement subtile, elle permet aussi d'exprimer les autres sentiments qui se cachent derrière la colère apparente. En révélant honnêtement ses sentiments négatifs et en s'assurant d'être entendue par l'autre, la personne blessée peut aussi voir quelle est sa part dans la dispute. À la fin de l'exercice, les deux partenaires se sentent à la fois compris, plus ouverts et prêts de nouveau à communiquer.

Dans sa forme la plus simple, le partenaire qui a des reproches à exprimer suggère d'entreprendre le « chemin de paix », et l'autre accepte.

À la première étape, le partenaire explique ce qui l'a mis en colère, et l'autre répète ses paroles. Par exemple, le partenaire a dû attendre un bon moment au coin de la rue parce que sa conjointe était en retard.

À la deuxième étape, le partenaire décrit la blessure et la tristesse qui se cachent derrière sa colère, et l'autre répète ses paroles. Par exemple, le partenaire est fâché d'avoir dû attendre, parce que cela lui a donné l'impression qu'il n'était pas important et que sa conjointe se souciait peu de lui.

À la troisième étape, le partenaire exprime la peur sous-jacente à sa colère et à sa blessure, et l'autre répète ses paroles. Par exemple, le partenaire a peur que ce retard signifie que l'autre ne l'aime plus et le quitte.

À la quatrième étape, le partenaire reconnaît sa part de responsabilité et admet une chose qu'il aurait pu faire autrement. Par exemple, le partenaire admet qu'il avait fait pression sur sa conjointe pour qu'elle arrive plus tôt, même s'il savait qu'elle était très occupée ce jour-là.

À la cinquième étape, le partenaire reconnaît dans une certaine mesure ce qui a poussé sa partenaire à agir ainsi. Par exemple, le partenaire pourrait reconnaître que sa partenaire travaille de longues heures depuis quelque temps et se sent débordée.

Cela peut suffire à dénouer l'impasse, bien que souvent il y ait beaucoup plus d'éléments sous-jacents au problème. Dans ce cas, il pourrait être nécessaire de répéter l'exercice. Ou cela peut faire éveiller quelque chose chez l'autre partenaire qui pourrait souhaiter entreprendre son propre « chemin de paix ». J'ai observé un couple durant cet exercice. La fille a d'abord exprimé sa colère par rapport au fait que son amoureux oubliait toujours de remettre le bouchon sur le tube de dentifrice, pour ensuite expliquer qu'elle avait l'impression que son partenaire ne tenait pas compte de ses demandes et qu'elle avait peur que son comportement méprisant fût un signe qu'il se souciait peu d'elle. Il ne leur a fallu que quelques minutes pour se réconcilier. C'était la première fois qu'il comprenait les peurs sous-jacentes de sa compagne. À la fin, ils avaient tous les deux l'impression d'avoir été entendus et compris par l'autre.

J'ai également découvert un autre processus de paix dans *Enseignements sur l'amour*, un livre du moine bouddhiste vietnamien Thich Nhat Hanh. Sa méthode est plus longue que celle du « chemin de paix », mais elle offre une formule sage et habile pour exprimer et éliminer la colère. Elle est aussi décrite dans son livre *La plénitude de l'instant*. Thich Nhat Hanh l'appelle le « traité de paix ». Il enseigne cette méthode au Village des Pruniers, sa retraite située au centre de la France. Elle est beaucoup trop longue pour être citée dans ces pages, mais voici comment elle commence :

« Afin de pouvoir vivre heureux ensemble jusqu'à la fin de nos jours et de continuellement améliorer notre compréhension l'un de l'autre, nous, les soussignés, promettons de respecter et de mettre en pratique ce qui suit. »

J'aime cette formulation parce qu'elle exprime ce qui est en jeu. Nous aimerions tous vivre heureux jusqu'à la fin des temps avec ceux que nous aimons le plus. Les partenaires qui réussissent le mieux leur vie de couple ont trouvé des façons d'exprimer et de résoudre leurs conflits. Si vous n'avez pas encore trouvé de moyen efficace, ces deux méthodes pourraient vous aider.

Peut-être songerez-vous en lisant la description de ces techniques : « Je n'ai vraiment pas envie de m'astreindre à ce long exercice. C'est beaucoup trop exigeant. Nous pouvons trouver nous-mêmes une solution. » Vous avez peut-être raison. Votre partenaire et vous faites peut-être partie de ces gens épanouis qui possèdent un don naturel pour surmonter la colère et la jalousie de l'autre. Ce n'est pas mon cas, ni celui de la plupart d'entre nous. Et je sais par expérience que les personnes qui s'agitent sous l'emprise de la peur et de la colère ressemblent à ces gens qui se débattent dans un marécage. Elles s'enlisent de plus en plus et risquent d'amener avec elles quiconque essaie de les aider.

Ces processus de paix, qui reposent sur la compassion et le calme, ont été conçus par des êtres sages. Ils appliquent ces techniques dans leur propre vie quand ils en éprouvent le besoin. Bien utilisées, ces méthodes peuvent s'avérer une véritable bouée de sauvetage pour nous qui nous débattons dans les marécages. Elles conviennent particulièrement aux personnes qui détestent exprimer leurs émotions, parce qu'elles sont rapides et efficaces, et permettent d'éviter les récriminations et les problèmes de communication qui s'étirent sur des jours.

Je crois que, pour être vraiment efficaces, ces techniques doivent être appliquées le plus tôt possible dans la relation, parce qu'aucune bouée ne vous sauvera d'un marécage émotionnel qui s'est creusé au fil des ans. En acceptant de se plier à un processus de paix, les partenaires démontrent ainsi leur engagement à demeurer conscients de leur propre comportement et des sentiments de leur partenaire. C'est vivre et aimer en pleine conscience et de manière responsable. N'est-ce pas là l'essence même d'un amour mature ?

Les joies de l'intimité

La passion est très excitante, mais ce sont les petits gestes intimes qui me font monter les larmes aux yeux. L'intimité se révèle dans les menus échanges entre les individus. Brosser les cheveux, faire un massage des pieds ou couper les ongles d'orteils sont des gestes intimes, tout comme masser le cou de quelqu'un pour enlever la tension, lui mettre du vernis à ongles ou s'asseoir côte à côte sur un canapé, les jambes de l'un déposées sur les cuisses de l'autre.

C'est aussi un geste intime que de s'asseoir sur le siège de toilette et de bavarder pendant que l'autre prend son bain, tout comme gratter le dos de quelqu'un, laver ses cheveux ou épiler ses sourcils. Il s'agit également d'un acte intime que d'effectuer pour un adulte les gestes que l'on accomplit sans réfléchir et sans la moindre gêne pour un enfant — l'essuyer après le bain, sécher ses cheveux, le nourrir à la cuillère et le border dans son lit.

Tous ces petits gestes expriment de la tendresse, de l'attention, de l'humilité et le désir de rendre service. À la fois modestes, tendres et stimulants, ils permettent d'accorder une attention particulière à la personne qui en est tributaire. Celle-ci se voit temporairement dégagée de toute responsabilité. Ils n'ont rien de spectaculaire et pourtant ils sont irrésistibles. À force d'être répétés, ils permettent de broder silencieusement de l'amour dans le tissu du quotidien.

Les gestes intimes nécessitent que les deux parties mettent un peu leur ego de côté. La personne qui donne s'abaisse à accomplir des petits gestes. Celle qui reçoit accepte d'être vulnérable. C'est le contraire des grands gestes d'amour qui gonflent l'ego des deux individus. Quand une personne escalade une montagne avec des roses entre les dents, elle devient le genre de héros qui escalade des montagnes avec des roses entre les dents. Quand quelqu'un reçoit des roses d'une personne qui a escaladé une montagne pour les lui apporter, elle devient le genre d'individu qui mérite qu'on escalade des montagnes en son honneur. Les roses sont bien sûr formidables, mais, parfois, ce dont vous avez besoin, c'est de cette forme d'amour qui boutonne le dernier bouton que vous ne pouvez pas atteindre, ou qui essuie votre nez quand vos mains sont occupées à réparer la voiture ou à laver la vaisselle.

Tout le monde devrait recevoir quelques grandes marques d'amour dans sa vie, ne serait-ce que pour connaître la sensation d'être la vedette de son propre film, mais c'est à travers ces petits gestes intimes que le véritable amour durable s'épanouit. Les grandes démonstrations d'amour s'expriment en public. L'intimité grandit dans le privé, comme une jeune plante qui monte en graine en dehors des apparences.

Le bonheur d'être en bonne compagnie

Le rituel qui me manque le plus de mon mariage est celui où, le vendre-di soir, après une semaine fort occupée, mon mari et moi nous assoyions à la table, devant une bouteille de vin, un bon repas et une pile de magazines et de journaux que nous n'avions pas eu le temps de lire. En silence, côte à côte, nous remplissions nos verres et déposions les plats tout en lisant calmement. Nous nous adonnions ainsi à une activité agréable, en paix et en bonne compagnie.

L'autre jour, j'ai mangé chez une amie qui s'est mariée pour la deuxième fois à un âge avancé. Son époux et elle s'étaient connus à l'adolescence, mais ils s'étaient perdus de vue et avaient épousé quelqu'un d'autre. Puis, dans la force de l'âge, ils s'étaient retrouvés. Leur bonheur était palpable partout dans la maison, dans le jardin et dans leurs yeux. « Il faut avouer qu'à nos âges, Lesley, ce n'est pas le sexe qui importe, mais la compagnie l'un de l'autre. »

Des années auparavant, alors que j'étais une très jeune journaliste, j'étais allée interviewer un couple d'écrivains âgés reconnus pour ses infidélités et ses disputes. Ils avaient plus de quatre-vingts ans, et leur plus grand plaisir désormais était de s'asseoir de chaque côté du foyer et de se faire la lecture. Après l'infidélité et la jalousie, leur récompense ultime était le compagnonnage.

Vous vous dites sans doute que cette forme de compagnonnage n'est réservée qu'aux vieux séniles, pour compenser la perte de plaisir sexuel, mais ce n'est pas du tout le cas. J'aime les moments passés en compagnie d'enfants, d'adolescents, et même de mes deux chats, qui avaient l'habitude de se coucher l'un sur l'autre à la fin de la journée, toute passion abolie. Les enfants adorent lire côte à côte ; les adolescents, eux, peuvent flâner sans but pendant des heures. Et ces activités se pratiquent toujours mieux en agréable compagnie.

On parle rarement des plaisirs subtils du compagnonnage. Ils sont difficiles à décrire parce que rien n'y paraît à première vue. Et pourtant, il s'agit d'un rapport beaucoup plus profond que la passion physique ou intellectuelle. On assiste presque à la fusion de deux énergies. Il y a compagnonnage quand les partenaires sont liés au-delà de toute expression. Ils n'ont pas besoin d'expliquer, de démontrer ou de négocier leur satisfaction d'être en compagnie l'un de l'autre. Ils cheminent côte à côte plutôt que les yeux dans les yeux, ce qui signifie qu'ils ont tous les deux le regard tourné sur le monde extérieur ou sur eux-mêmes sans jamais être seuls.

Le compagnonnage est un merveilleux présent d'amour. C'est la paix retrouvée après toutes les négociations et les disputes au sujet de la température idéale d'une pièce. Quand je suis seule, il m'arrive encore de me rattraper dans mes lectures le vendredi soir, avec un verre de vin à la main, et à y trouver encore du plaisir. Mais force est d'admettre qu'il y a deux mondes entre lire en solitaire et lire en compagnie d'un être cher.

L'amour d'un bébé

À la naissance de mon premier enfant, j'ai éprouvé comme jamais auparavant un amour empreint d'émerveillement. Je n'étais pas préparée à vivre un tel amour et un tel émerveillement. Je n'étais pas préparée, après un accouchement laborieux et épuisant, à ce qu'on me présente ce petit être aux yeux foncés qui observait le monde avec intensité. Ma fille n'a jamais perdu cette énergie et cette intensité, et j'ai été renversée de constater que j'avais donné naissance à un être à part entière. J'avais donné naissance à une forte présence.

Je n'étais pas préparée, en sentant cette présence dans mes bras et contre ma poitrine, à la vigueur avec laquelle elle allait saisir mon mamelon pour le téter. Je suis restée sans voix et j'ai frissonné de la tête aux pieds sous la force de cette succion instinctive. J'étais sollicitée et électrifiée. Tout comme une barre d'alimentation, j'étais sous tension. Un flux d'émotions circulait en moi.

À la naissance de mon deuxième enfant, j'ai vécu une expérience différente. La deuxième fois, j'ai eu le plaisir d'anticiper l'événement, parce que je savais à quel point ce serait excitant. J'étais préparée à ce premier contact, mais ma gentille petite fille, étant différente de sa sœur, est venue au monde paisiblement, puis s'est endormie contre ma poitrine. J'ai alors réalisé qu'elle était un être différent et que je devrais m'occuper d'elle différemment.

La première fois, j'ignorais que nous passerions des heures à simplement nous regarder dans les yeux, mon bébé et moi. J'étais fascinée par son petit visage rose. Ces moments de contemplation n'appartenaient qu'à nous. Les jours s'écoulaient dans l'admiration et l'émerveillement, un peu comme au moment où vous tombez amoureux, durant cette étape intense où il n'y rien de plus captivant que les yeux de votre partenaire. À mesure que grandit l'intimité, il n'y a ni gêne, ni embarras. Vous êtes totalement absorbé par l'autre. Ma fille et moi dansions en orbite l'une de l'autre, animées par un mouvement ancien et instinctif. Elle était la nouvelle planète qui tournait autour de mon soleil, dépendante de moi et de mon amour pour vivre.

Je ne me souviens plus de la durée de cette divine lune de miel. Elle avait son propre fuseau horaire : celui du nouveau-né. Comme au début d'une relation amoureuse adulte, elle s'est déroulée la majeure partie du temps dans la chambre à coucher, et les heures filaient, sans que j'aie le temps d'enfiler une tenue appropriée. Comme au début d'une relation amoureuse adulte, il y a eu beaucoup de contacts physiques : j'entourais ma fille de mes bras, pendant qu'elle demeurait pelotonnée contre ma poitrine. Nous avions été séparées à sa naissance, mais nous passions encore de longues heures unies l'une à l'autre, comme si nous formions notre propre système solaire.

Des gens pour qui il est difficile d'exprimer leurs sentiments évoluent en dehors de ce charmant petit cercle. Il arrive que le père se sente exclu et se reproche d'être égoïste, ou qu'il ne sache pas admettre ou reconnaître consciemment sa propre jalousie et sa peine. Il arrive aussi que des frères et des sœurs se plaignent que ce petit être ait pris leur place et demandent sincèrement qu'il soit renvoyé d'où il est venu. Quand leur chantage échoue, il leur arrive de devenir jaloux et de vouloir plus tard essayer d'abattre leur rival au moyen de petites attaques sournoises. Le chien et le chat sont également susceptibles de bouder.

Nous ne pouvons pas nous attendre à ce que le bébé réagisse face à ces menaces au tendre statu quo. C'est vraiment aux adultes de prêter attention à ce qui se passe. La vie ne sera plus jamais la même, mais elle peut être encore plus merveilleuse.

En effet, il peut être profondément touchant de constater que le couple forme désormais une famille. Je me souviens de notre retour à la maison, quand mon époux est venu nous chercher, le bébé et moi, à l'hôpital. C'est lui qui conduisait pendant que j'étais assise sur la banquette arrière, contrairement à mon habitude, et que je berçais notre fille, emmaillotée dans des langes blancs. J'avais les émotions à fleur de peau en raison du post-partum et je sentais bien que le fait d'avoir changé de place, en optant pour la protection de la banquette arrière, était aussi symbolique que physique.

Si les nouveaux parents semblent en état de choc, ce n'est pas seulement dû au manque de sommeil. Leur vision du monde est complètement transformée. Les enfants viennent au monde pour enseigner au couple la plus grande leçon de générosité de leur vie. Et pour demeurer unis, les deux partenaires doivent apprendre à tenir compte des sentiments puissants qu'ils éprouvent, à les exprimer et à s'y adapter. Un nouvel amour a vu le jour, un amour plus grand, plus exigeant et plus adulte que tout ce qu'ils ont connu auparavant.

Parent ou amant ?

La romancière Alice Thomas Ellis a autrefois écrit que la réciprocité n'existe pas : les hommes aiment les femmes, les femmes aiment les enfants et les enfants aiment les hamsters. Cela résume assez bien les frustrations associées aux relations humaines, d'autant plus que je n'ai encore jamais vu de hamster afficher la moindre affection envers quoi que ce soit. Alice Thomas Ellis décrit ainsi une vérité fort embarrassante.

Êtes-vous un amant ou un parent ? Il est possible que vous l'ignoriez, jusqu'à ce que vous soyez obligé de choisir, et, à ce moment-là, il pourrait déjà être trop tard. Ainsi, j'ignorais avant de devenir mère que je serais le genre de femme à accorder la priorité à ses enfants. Je me rappelle avoir maugréé en lisant la description de la fonction parentale que faisait Helen Gurley Brown dans son livre *Having it all*. Pour elle, cela signifiait tout avoir en même temps : à la fois une magnifique carrière et un merveilleux époux. Aucune mention des enfants, même si, comme des millions de parents vous le diraient, ce sont les enfants qui changent tout. Helen Gurley Brown recommandait de toujours accorder la priorité à votre conjoint et de continuer de le faire même si vous aviez des enfants. Comme toute femme déchirée entre les exigences de son époux et ceux de ses enfants vous le dirait, il s'agit d'un conseil impossible à suivre même dans le meilleur des mondes.

J'ai réalisé que je n'étais pas cette femme parfaite qui fait passer son époux en premier. Je me disais que les enfants sont des enfants, et que les hommes sont des adultes et devraient être en mesure de prendre soin d'eux-mêmes, ce qui explique en partie pourquoi je ne suis plus mariée. En passant, je trouve que la notion d'avoir le beurre et l'argent du beurre a de quoi rendre fou. Je crois plutôt qu'il est possible d'avoir un époux, une carrière et des enfants, mais pas tout en même temps. Il faudrait remplacer l'expression « tout avoir en même temps » par « tout faire en même temps ». Ce serait moins attirant, mais combien plus proche de la vérité.

Êtes-vous un amant ou un parent ? C'est une question grave, et ce ne sont pas seulement les femmes qui cessent de faire passer leur partenaire en premier à l'arrivée des enfants. Certains hommes adoptent aussi ce comportement. Si c'était à refaire, j'agirais probablement différemment. Je m'occuperais autant de mes enfants, mais j'accorderais plus d'attention aux besoins de mon époux. Je ferais davantage de compromis. Parce que, malgré tout le respect que j'ai pour Helen Gurley Brown, tout le monde souhaite vraiment tout avoir en même temps — y compris les enfants. Personne ne souhaite devoir choisir entre ses enfants ou son partenaire, et au moment où on réalise que c'est justement ce qu'on est train de faire, il est malheureusement trop tard.

L'amour des enfants

Alors que je me promenais dans un parc, récemment, une petite fille de trois ou quatre ans, vêtue d'un manteau rouge, m'a soudainement coupé le chemin en courant pour aller se cacher derrière un buisson. J'étais plongée dans mes pensées, mais son apparition m'a soudainement rappelé une scène. J'ai déjà eu une fillette comme elle. Où était-elle ? J'ai cru recevoir un coup de poignard en plein cœur. Oui, j'ai déjà eu une fille comme elle, deux en fait, et maintenant elles ont disparu à tout jamais. Elles ont grandi. J'ai maintenant deux filles adultes qui ont leur propre maison et leur propre vie. C'est dans l'ordre des choses. Mais pendant un moment, j'ai ravalé mes larmes et suis demeurée au milieu du sentier à pleurer les petites filles débordantes de joie que j'avais perdues. Même si c'était absurde, j'aurais aimé les ravoir auprès de moi, soudainement.

Être parent est une tâche incroyable. Les gens rêvent d'avoir des enfants sans jamais penser au fait qu'ils vont grandir et aller à l'école, puis devenir des adolescents qui grognent, fument et vont danser dans les boîtes de nuit. Vous investissez tout votre amour dans un être qui finira invariablement par s'envoler quelque part dans le monde, par quitter la maison et vous

abandonner seul à votre nouvelle vie. Vous le savez d'un point de vue rationnel, mais le désir d'avoir des enfants et l'amour qu'ils suscitent agissent
comme un anesthésiant naturel sur le cerveau. Durant la pire phase de son
adolescence, ma fille aînée s'est un jour retrouvée assise dans un autobus,
entre deux jeunes femmes. L'une d'elle parlait de son désir d'avoir un enfant.
Ma fille m'a raconté qu'elle avait eu envie de lui taper sur l'épaule pour lui
dire : « Ne faites pas ça. Il va finir par me ressembler. »

Avec de la chance, même l'affreux adolescent finit par se transformer en
un jeune adulte charmant et fascinant. J'ai récemment assisté à un mariage à
la campagne. Tout le monde était sous le charme de la mariée, qui était
magnifique dans sa robe blanche parsemée de roses rouges. Je me suis cependant rappelé la fois où la mariée a été expulsée de l'école et la fois où sa mère
est demeurée des semaines avec un bras dans le plâtre parce que, dans un
moment de frustration, elle avait voulu frapper sa fille et avait plutôt défoncé
le mur.

Les enfants nous aident à mieux comprendre l'amour. C'est une formation à vie. Ils nous font découvrir les multiples visages de l'amour, mis à part l'aspect sexuel. Il y a cependant beaucoup de sensualité. Impossible de résister aux adorables bambins potelés que vous auriez envie de croquer. Avoir des enfants, c'est éprouver de l'amour sous sa forme la plus réjouissante. C'est aussi atteindre les plus hauts sommets d'anxiété, de prévoyance, de sacrifice, de tendresse et de patience.

Le parent aimant est testé à tout moment et ne doit jamais baisser les bras. Combien de larmes ai-je versées face aux pleurs incessants de mes nouveau-nés et aux révoltes de mes adolescentes. Personne dans la vie ne m'a mise autant en colère que mes enfants. Il m'est arrivé de regarder ma fille de treize ans droit dans les yeux pendant qu'elle me disait qu'elle voulait me tuer et que je souhaitais faire de même. Et il m'est arrivé de tenir mes enfants dans mes bras en voulant les protéger de tout. Je me suis aussi blottie sur le canapé avec mes enfants pour regarder une quelconque émission de télévision, en me disant que je ne voudrais être nulle part ailleurs pour tout l'or du monde.

J'ai été désespérée quand elles ne voulaient pas faire leurs devoirs, répéter leurs leçons de piano et ranger leur chambre, et j'ai sauté de joie quand elles ont finalement réussi leurs examens, porté des coupes de cheveux appropriées et fait du ménage de leur plein gré. Peu importe si la relation était sombre et sinistre ou agréable et enjouée, j'ai essayé de demeurer constante, parce que cet amour est le véritable amour de toute une vie. Les enfants peuvent bien déménager au loin, ils demeurent à tout jamais dans votre cœur. Avant, vous étiez en état d'alerte au cas où ils se réveilleraient la nuit. Désormais, vous l'êtes au cas ils appelleraient pour demander votre aide. Ce sont mes enfants qui m'ont enseigné la tolérance, la sagesse et la patience. Ils m'ont aussi enseigné qu'il ne faut jamais baisser les bras en amour, malgré les périodes difficiles.

Et ce sont mes enfants qui m'ont fait découvrir ce que mes propres parents ont dû supporter durant toutes ces années où j'ai tenu leur amour pour acquis. Ce n'est qu'après être moi-même devenue mère que j'ai vraiment compris la passion que ma mère avait dû éprouver pour moi quand j'étais enfant. Et j'ai compris trop tard les épreuves que j'avais fait subir à mes parents : mon mariage outre-mer sans leur présence, la nuit où ma mère est demeurée près de moi après ma fausse couche, les difficultés auxquelles ils ont été confrontés et qu'ils m'ont cachées afin de ne pas troubler ma propre vie d'adulte.

L'amour qui se transmet librement d'une génération à l'autre est la force dominante du bien dans notre vie. Quand l'amour est entravé et évité, quand il est biaisé et perverti par la cruauté, l'absence et les mauvais traitements, il devient alors la force dominante du mal, et ses effets dévastateurs nous affectent à tout jamais.

Plus j'avance en âge, plus je comprends que c'est l'amour parent-enfant qui nous influence le plus profondément et le plus inéluctablement dans la vie. Nous reproduisons inconsciemment dans beaucoup de nos relations amoureuses les drames émotionnels que nous avons vécus durant notre enfance.

Pour faire preuve d'un amour conscient envers nos enfants et leur propre descendance, nous devons régler nos propres troubles émotionnels. Nous pouvons effectuer le travail nécessaire pour nous débarrasser du bagage émotionnel provenant de notre éducation, et même suivre une thérapie, s'il le faut. Nous pouvons guérir nos blessures, si nous le désirons vraiment. Il revient à nous de faire tout ce qui est en notre pouvoir pour éviter de reproduire les erreurs familiales, parce que, malgré toutes nos bonnes intentions et la passion que nous vouons à nos enfants, nous ne pourrons pas éviter de commettre nos propres erreurs.

De la même auteure :

LESLEY GARNER

TOUT CE QUE LA VIE M'A APPRIS SUR

l'harmonie

Pour obtenir une copie
de notre catalogue,
communiquez avec :

AdA
1385, boul. Lionel-Boulet
Varennes, Québec
J3X 1P7
Téléc : (450) 929-0220
info@ada-inc.com
www.ada-inc.com

Pour l'Europe, voici les coordonnées :
France : D.G. Diffusion Tél. : 05.61.00.09.99
Belgique : D.G. Diffusion Tél. : 05.61.00.09.99
Suisse : Transat Tél. : 23.42.77.40

Les ennemis de l'amour

La tentation provenant de l'extérieur n'est pas l'ennemie de l'amour. L'ennemi se trouve toujours en nous. Un couple uni possède son propre système immunitaire. Le monde pullule de maladies, mais ce n'est pas tout le monde qui en est affecté. Le monde est plein de tentations, mais ce n'est pas tout le monde qui y cède.

Les mauvaises habitudes et les comportements autodestructeurs peuvent affaiblir notre système immunitaire et nous rendre vulnérables à la maladie. Il en est de même en amour : il existe des mauvaises habitudes qui peuvent créer des ennuis et détruire une relation. Les gens heureux n'abandonnent pas une bonne relation, contrairement aux gens malheureux et insatisfaits.

Ce n'est donc pas le beau collègue de bureau ou l'entraîneur sexy du centre sportif, ni les compagnons de beuverie, ni la belle-mère, qui sont les ennemis de l'amour. Ils ne sont que des virus qui attendent consciemment ou non quelque chose à infecter. Les ennemis de l'amour sont les forces en nous qui nous poussent à agir froidement, de manière destructive, et à négliger notre partenaire. En passant, la négligence et l'indifférence sont aussi dévastatrices que la violence conjugale et l'infidélité.

Les ennemis de l'amour sont le mépris et les nombreuses façons d'en faire preuve, l'habitude et les nombreuses façons d'en être victime, le manque d'attention et toutes les occasions ratées de vivre des moments d'intimités et d'empathie. Ce sont les sautes d'humeur et l'effet corrosif qu'elles ont sur les autres, la jalousie et sa soif insatiable de preuves d'amour, de même que la colère sous toutes ses formes, allant de la rage à la froideur silencieuse.

Les ennemis de l'amour sont les critiques incessantes et leurs autojustifications infinies, le harcèlement et son incapacité stupide de changer de sujet, l'absence constante et le vide qu'elle creuse à la longue. Ce sont le mensonge et la perte de confiance qui en résulte, l'indifférence et son irrésistible pouvoir d'érosion. Ce sont la dureté et sa capacité implacable de blesser à tout jamais, la méchanceté et son absence de toute générosité. Vous en connaissez sûrement d'autres.

Tous ces agents sont les vraies forces de destruction émotionnelle. Laissés libres d'agir, ils ont le don de tuer l'amour. Ils agissent au sein même de la relation, jusqu'à ce qu'un étranger n'ait qu'à frapper à la porte pour que la forteresse s'écroule. Et si jamais vous vous dites « Ah ! oui, je connais des gens qui se conduisent ainsi », réfléchissez bien. Je parle de vous. Je parle de moi.

L'arrogance peut nuire à l'amour autant que tout le reste. J'ai souvent été l'instigatrice de ma propre destruction. Tout comme vous.

La théorie des cercles superposés de Lesley

Il existe une formule mathématique qui permet de déterminer exactement dans quelle proportion les vies de deux individus doivent se superposer pour que leur amour dure. J'ignore cette formule, mais je sais qu'elle existe.

Au départ, la distance et la différence peuvent constituer une puissante force d'attraction. C'est toujours excitant d'avoir l'impression de n'avoir jamais rencontré quelqu'un comme cette personne auparavant. Sa différence attire votre attention, et ses traits opposés vous complètent, en quelque sorte. Je ne parle pas nécessairement de la différence entre une aristocrate européenne qui épouse un guerrier masaï, bien que ces relations transculturelles soient toujours intrigantes. Je parle de toute personne autre que vous.

L'univers des autres peut paraître exotique, même s'ils habitent tout près de chez vous. Leur vie peut tout de même ressembler à un pays étranger qui possède sa propre langue. Ils beurrent leur pain différemment et ont leur propre façon de laver la vaisselle. Ils mangent d'autres types d'aliments et se servent différemment de la salle de bains. Ils adorent un autre dieu. Et c'est sans compter ce qui se passe entre leurs deux oreilles.

Au début de la relation, ces différences possèdent tout le charme d'un pays inconnu. Grâce à cette personne, vous voyez tout différemment, sous un nouveau jour. Elle peut même vous ouvrir des portes dont vous ignoriez l'existence et subtilement changer votre vie. Avec de la chance, vous vous sentez plus stimulé, plus vivant.

Cela ne l'empêche pas de vous agacer sur certains points. La façon dont elle presse le tube de dentifrice commence à vous tomber sur les nerfs. Votre rire moqueur à propos de sa façon de conduire ou de ses manières à la table devient quelque peu irritant. Son côté bohémien, qui vous attirait tant au début, commence à vous paraître plus consternant que séduisant. Vous voyez peu à peu dans ses retards constants un manque de respect, plutôt que la preuve d'une vie bien remplie.

Ce sont là des petites choses extérieures. Il pourrait y avoir des affrontements beaucoup plus grands. Vous croyiez aimer tous les deux les grands espaces, alors que l'un d'entre vous aime plutôt y camper, tandis que l'autre préférerait louer une magnifique maison de campagne et admirer la nature par la fenêtre. Vous croyiez partager le même goût pour la bonne nourriture, mais l'un d'entre vous est obsédé par tout ce qu'il mange, alors que l'autre est moins exigeant. Vos carrières paraissaient excitantes au début, alors qu'elles semblent plutôt vous éloigner. Vos cercles superposés risquent fort de s'écarter l'un de l'autre.

Le fait qu'il est possible d'aimer quelqu'un qui en même temps vous rend fou constitue l'un des défis de la vie. Il est possible d'aimer quelqu'un, puis de réaliser lentement et avec désespoir que vos vies sont incompatibles.

Il est également possible que des partenaires aient très peu de choses en commun et demeurent tout de même ensemble parce qu'ils se respectent et se font confiance, et que leurs intérêts communs, aussi minimes soient-ils, suffisent à les garder unis. D'après mon expérience, hélas, il faut un peu plus de choses en commun que le fait de partager une maison et des enfants.

Si vous sentez que vos cercles superposés commencent à se distancer, il est temps d'agir, si vous souhaitez sauver votre relation. Il est trop tard si seulement l'un de vous deux souhaite sauver votre amour. Car le désir mutuel de rester ensemble malgré tout est le point commun le plus essentiel que doit partager un couple. Si vous n'agissez pas à temps, la gravité extérieure risque de vous éloigner encore davantage, parce que la force d'attraction agit plus puissamment à l'extérieur que dans la relation.

Il faut d'abord reconnaître en toute honnêteté vos différences. Et il est essentiel de vouloir vraiment les résoudre ou du moins de les concilier. La volonté d'accorder du temps à la relation afin qu'elle trouve son propre équilibre est aussi nécessaire. Il faut que les deux partenaires acceptent de faire des compromis pour changer les choses, et même dans pareil cas, la relation pourrait vaciller follement sur son axe. Comme l'écrivait le poète William Butler Yeats, « Quand tout s'écroule, le centre ne peut pas tenir le coup. » De toute évidence, la théorie des cercles superposés l'avait grandement affecté.

Amour versus espace :
la nouvelle infidélité

Au XXIe siècle, c'est le besoin d'espace qui marque souvent la fin d'un amour. Il serait en quelque sorte moins insultant d'exprimer notre besoin d'espace que de critiquer notre partenaire. Surtout, ne va pas croire que je te trouve ennuyant ; j'ai juste besoin d'espace. Ce n'est pas que je ne te désire plus depuis que tu as pris dix kilos, j'ai simplement besoin d'espace. Ce n'est pas que notre mariage est fichu ou que je ne veux pas d'enfants, j'ai juste besoin de me retrouver seul pour réfléchir. Et après réflexion, combien d'amants, de maris et d'épouses retournent dans la cage dorée de leur relation ? Très peu.

L'espace est le nouvel empire, le nouveau couvent, la nouvelle excuse. C'est l'endroit où les gens se réfugient quand ils ne veulent pas blesser leur partenaire, même s'ils finissent tout de même par lui faire du mal — surtout si l'être abandonné suspecte que ce besoin d'espace reflète plutôt le besoin de créer de l'espace pour l'entraîneur du centre sportif ou la nouvelle collègue de bureau. Ce qui ne devrait pas être, en passant. Tout le monde reconnaît que cette retraite doit se faire en terrain neutre. Se réfugier dans son espace s'avère donc la meilleure façon d'éviter une confrontation explosive qui aurait lieu s'il y avait vraiment quelque chose qui se passait avec l'entraîneur.

Voilà ce qui se produit quand le besoin d'espace devient trop urgent. Le besoin est minime au début, puis s'amplifie. Cela commence par une nuit passée sur le canapé et se termine par un séjour sur un autre continent. Cela va du week-end passé au loin en solitaire à un emploi dans une autre ville. L'espace s'étend de la remise du jardin jusqu'au divorce. Si votre partenaire suggère qu'il a besoin de plus d'espace, surtout si cette décision est unilatérale, cela ne signifie pas nécessairement que votre couple est en crise, mais que vous devez demeurer vigilant.

Pour neutraliser sa puissance, l'espace est une notion qui fait de nos jours partie des relations. Combien de mariages s'inspirent maintenant des paroles de Kahlil Gibran sur l'amour, extraites de son livre *Le prophète* :

Aimez-vous l'un l'autre, mais ne faites pas de l'amour une entrave :
Qu'il soit plutôt une mer mouvante entre les rivages de vos âmes...
Chantez et dansez ensemble, et soyez joyeux, mais demeurez chacun seul.

De même que les cordes d'un luth sont seules, cependant qu'elles vibrent de la même harmonie.

Ces paroles offrent un modèle beaucoup plus simple à gérer dans une union contemporaine que celles prononcées lors d'une cérémonie religieuse, avec la promesse d'aimer « pour le meilleur et pour le pire, dans la richesse et la pauvreté », et la promesse de renoncer aux autres. Nulle part dans ces paroles solennelles il n'est fait mention du besoin d'espace.

Il y a nettement des avantages à jouir d'un peu d'espace. L'usage judicieux de l'espace aide de nombreuses relations à survivre. L'espace est l'endroit où vous pouvez dormir sans que vos ronflements rendent l'autre fou. L'espace, c'est la possibilité de participer un week-end à un atelier de peinture, pendant que l'autre va à la pêche. L'espace est ce dont tout le monde a besoin pour respirer et recharger ses piles. L'espace, en quantité appropriée, permet de renouveler l'énergie, l'appréciation et l'affection entre les partenaires. L'espace est une bonne chose, parce qu'il arrive que les gens étouffent en présence d'une trop grande intimité.

Alors, comment différencier un besoin d'espace positif, celui qui vous permet de respirer, d'un besoin négatif, celui qui vous laisse sans voix ? Le besoin d'espace doit être négocié. Dans un contexte négatif, il est imposé à l'autre. Quand le besoin d'isolement est accepté, les deux partenaires sont heureux de se retrouver. Dans le cas contraire, cela crée encore davantage d'éloignement : votre partenaire finit par disparaître complètement de votre vue. Alors, quand votre amoureux vous dit qu'il a besoin de plus d'espace, ce n'est pas nécessairement le début de la fin. Pour paraphraser Winston Churchill, c'est peut-être la fin du début.

Comment savoir si c'est la fin de la relation ?

C'est la fin de la relation quand l'un des deux l'annonce. C'est aussi cruel et clair que cela. L'amour est un consensus, mais la fin de l'amour est souvent unilatérale. C'est ce que m'a rappelé l'homme qui était assis à côté de moi dans un bar. Il était en instance de divorce et traversait une période fort difficile. Sa femme était retournée vivre dans son pays d'origine, avec leur enfant, et ni le système médical ni le système judiciaire ne pouvaient l'aider. Il était en train de perdre sa femme et son enfant en plus de se ruiner en honoraires d'avocat. J'ai essayé de le conseiller et de le réconforter, mais le fait que sa femme avait refusé toutes ses offres de conciliation, d'orientation matrimoniale et de thérapie conjugale m'avait déconcertée. Elle avait décidé que c'était fini et que toutes les démarches entreprises par la suite n'auraient pour seul but que de limiter les dégâts.

Le véritable engagement n'est pas celui que vous prenez l'un envers l'autre, mais celui que vous prenez envers la relation. De plus en plus de gens choisissent de ne pas se marier, mais la formalité du mariage en présence d'amis, de la famille et de la communauté démontre encore plus clairement que l'union prévaut sur les sentiments fugaces des personnes concernées. Il s'agit d'une structure visible de l'intérieur et de l'extérieur, conçue pour protéger le couple des tempêtes, de la disette, du feu et du désastre.

Quand l'un des partenaires est déprimé, l'autre tient le phare, et la beauté de cet engagement public est que la communauté devient complice de ce traité. Elle demeure disponible à offrir son aide quand les inévitables difficultés surviennent.

Quand un couple se désagrège, le choc se répercute également sur les membres de la famille. Ceux-ci doivent décider à qui ils accorderont leur loyauté. Il arrive que certaines amitiés et certains cercles sociaux éclatent. La vie des enfants est transformée à tout jamais.

Certains couples demeurent unis malgré les énormes difficultés qu'ils traversent. Ils se soutiennent dans la maladie et l'invalidité, dans la pauvreté et l'endettement, et même dans la cruauté et les mauvais traitements. S'ils se sentent vraiment engagés dans leur relation, ils peuvent même survivre à des périodes d'ennui et de désamour. Le lien qui les unit est plus solide que l'envie de tout laisser tomber. Il peut retenir ensemble des personnes qui ne semblaient pas destinées l'une à l'autre. Quand l'amour meurt, cependant, c'est souvent unilatéral. Il faut deux personnes pour former un couple. Il n'en faut qu'une seule pour le briser.

L'effet sur celui qui est abandonné peut être dévastateur. Le défi est d'accepter la réalité. Si votre partenaire vous a quitté, il n'y a rien que vous puissiez faire pour le retenir. Ce qui l'attire en dehors de votre relation, que ce soit un nouveau partenaire, une vie différente ou la liberté, pèse déjà beaucoup plus lourd que votre couple.

Il est donc on ne peut plus naturel que vous soyez également entraîné par cette force de gravité. Une rupture suscite toujours un sentiment de désespoir et de perte, ainsi que de la colère et le désir de se venger. Le désespoir et la colère reflètent tous les deux votre attachement à votre amour perdu. Ils risquent cependant de vous retenir dans le passé, si vous n'y prenez pas garde.

Pour survivre à une rupture amoureuse, vous devez identifier et exprimer les puissants sentiments qui vous envahissent, mais de manière à ne pas causer davantage de torts aux autres ou à vous-même. N'hésitez pas à consulter un psychologue, si vous n'arrivez pas à surmonter votre peine. Confiez-vous à des amis. Et surtout, essayez de rompre le cycle. Ne faites pas l'erreur d'entrer immédiatement dans une nouvelle relation, car vous pourriez répéter le même modèle de couple. Votre but ultime devrait être de retrouver votre estime de soi et de refaire votre vie de manière si satisfaisante que vous ne vous préoccupiez plus de votre amour perdu. J'ai déjà rencontré une actrice très célèbre qui avait pris un immense plaisir à parader devant la maison de son ex-époux au volant d'une Rolls Royce flambant neuve. « Ma plus belle revanche, c'est mon succès ! » m'avait-elle dit avec un sourire mordant.

C'est le moment idéal de renouer avec de vieux amis, de redevenir fidèle à ce qu'il y a de meilleur en vous. Après une rupture, vous jouissez de beaucoup plus de temps libre. N'essayez pas de l'occulter en vous plongeant dans le travail, la boisson et la drogue. Prenez le temps de découvrir ce qui vous rend heureux et explorez la chose. Vous avez désormais le temps d'exprimer ces parties de vous que vous aviez laissées endormies dans votre relation.

Ne vous attendez pas à passer du jour au lendemain du désespoir à la joie de vivre. Selon la profondeur de votre relation, cela pourrait vous prendre un an ou deux. Vous pouvez cependant créer des îlots de bonheur dans votre mer de désespoir. Et ces îlots peuvent vous aider à revenir sur la terre ferme. Par terre ferme, j'entends cette étape où nous prenons du recul pour jeter un coup d'œil à cette mer de désespoir et à nos amours perdus, tels des bateaux qui voguent au loin à l'horizon, en nous demandant ce que nous pouvions bien leur trouver. Puis, un jour, un autre bateau risque de surgir, et même si nous ne sommes pas prêts à effectuer un voyage océanique, rien ne nous empêche d'aller visiter le phare pendant que nous nous préparons pour un prochain voyage.

Que c'est triste Venise,
au temps des amours mortes...

Il faisait noir. J'étais épuisée après ma journée de travail et je souffrais d'un immense chagrin d'amour. J'étais assise dans le wagon du train, et mon cœur saignait à la vue du jeune homme et de la jeune femme qui se trouvaient de l'autre côté de l'allée. Ils étaient amoureux. Ils ne pouvaient pas s'empêcher de se caresser, et cela me chavirait le cœur.

Quand votre cœur saigne et que vous êtes triste, la vue de l'amour devient intolérable. Vous avez soif d'amour. Chaque regard que les amoureux s'échangent, chaque caresse de la main ou du pied semblent faire partie d'un banquet auquel vous n'êtes pas invité. Ils s'aiment. Vous êtes seul, et personne ne vous regarde ainsi. Et peut-être que plus jamais personne ne vous regardera avec ce même regard amoureux.

L'idée que vous soyez devenu cet être ravagé et indigne d'être aimé qui trouve intolérable la simple vue du bonheur des autres accroît encore davantage ce sentiment d'exclusion. Mais qu'est-ce qui vous arrive ?

Quand vous souffrez d'une peine d'amour et que vous avez la sensibilité à fleur de peau, il est préférable d'éviter ces sources secondaires de chagrin. Ne lisez pas d'histoires d'amour et n'allez pas voir de films romantiques. Évitez aussi la compagnie d'amis qui vivent dans leur bulle d'amour. Bien entendu, rien ne vous empêche de le faire, si vous souhaitez intensifier vos propres sentiments et souffrir encore davantage. Mais de grâce, ne soyez pas trop dur envers vous-même. Recherchez la compagnie d'amis qui souffrent autant que vous et avec qui vous pouvez former le club des amants rejetés. Choisissez des activités et des endroits distrayants qui vous feront oublier votre tristesse. Inutile d'alimenter votre chagrin. Vous aurez suffisamment d'occasions de souffrir sans en créer davantage.

À défaut de vous réjouir de l'amour des autres parce que vous êtes vous-même heureux en amour, essayez d'éprouver une forme de sympathie amusée à la vue des amoureux. Surtout, ne vous laissez pas étouffer par la douleur de l'exclusion comme je l'ai fait. Ne cédez pas à l'amertume et au cynisme en vous disant : « Ouais ! Moi aussi, j'ai connu l'amour, et ça n'a pas duré. » Essayez simplement de trouver les amoureux mignons, sans vous laisser envahir de chagrin. Et tant que vous en serez incapable en public, changez de siège, détournez le regard, et assurez-vous d'avoir quelque chose à lire, afin de vous distraire de la vue des amoureux.

Les chambres du coeur

Gustave Flaubert était tombé follement amoureux d'une femme plus âgée et mariée et, comme il était écrivain, il en avait fait un roman. « Chacun de nous a dans le cœur une chambre royale. Je l'ai murée, mais elle n'est pas détruite. »

Je trouve son livre sur l'amour impossible, *L'Éducation sentimentale*, plutôt agaçant. Son héros se laisse mourir d'amour parce qu'il idéalise la femme mariée qu'il a aperçue sur un bateau et soupire pour elle. Il la connaît à peine, mais cela ne l'empêche pas de la laisser pénétrer, du moins en rêverie, dans la chambre royale de son cœur, rendant ce dernier inaccessible à une autre femme plus appropriée.

Nous aimons tous de manière différente, et cela se reflète dans la chambre royale de notre cœur. Certaines personnes possèdent un compas qui les dirige tout droit vers un amour sain. Elles le trouvent et le cultivent dans le bonheur durant toute leur vie. Leur chambre royale est ouverte et fonctionnelle. D'autres gens l'habitent durant la phase romantique de l'amour, puis commencent à se lasser et à avoir envie d'éprouver de nouveau l'euphorie du début. Leur chambre royale est dotée de portes tournantes. Il y a aussi des gens qui se brûlent constamment les ailes à la flamme des êtres inaccessibles et déjà engagés. Ils cherchent sans cesse à pénétrer dans le territoire de l'abandon et du blâme. Leur chambre royale ressemble à une zone de guerre avec des trous de balles dans les murs.

Si on se fie au modèle de Flaubert, certains cœurs doivent ressembler davantage à un immeuble à logements délabré qu'à un palace. Je sais par contre que tout cœur emmuré dans le passé s'attire les ennuis. Quand l'amour est mort ou sans espoir, le défi consiste à ne pas emmurer notre cœur au point d'en faire un mausolée. Le défi est de changer les serrures, de repeindre les murs et de poser une affiche « À louer ».

Comment y parvenir ? Je ne suis pas la meilleure personne à qui poser la question. J'ai malheureusement tendance à m'accrocher, parce que je déteste assister à la fin d'une belle aventure. De plus, comme je suis auteure et fille unique, je tolère davantage la solitude que bien des gens. Le célibat ne me rend pas folle, du moins sur une courte période. Voilà pourquoi je ne suis pas aussi motivée à retourner sur le marché de l'amour. Je ne tiens cependant pas à avoir le cœur emmuré. Mon affiche « À louer » n'est simplement pas aussi visible qu'elle le devrait.

Si vous êtes incapable de chasser de votre cœur vos amours passés, la première chose à faire est sans doute de les ranger quelque part dans vos souvenirs. Prenez les preuves de leur passage dans votre vie — il peut s'agir d'objets réels comme des photographies, des vêtements et des livres —, rangez-les dans une boîte et fermez le couvercle. Bravo à toutes les personnes capables d'aller tout balancer sur le perron de leur ex-partenaire, mais peut-être ressentez-vous davantage de tristesse que de colère. Et vous n'êtes pas prêt à aller aussi loin. Dans votre cœur, nommez cette boîte « Histoires du passé ». Pleurez si vous en avez envie et imaginez-vous en train de refermer un couvercle très lourd dessus. Dans la réalité, rangez la boîte à un endroit où vous ne la verrez pas, s'il vous est impossible d'aller la jeter au dépotoir. Réexaminez-la dans six mois. Réexaminez-la jusqu'à ce qu'elle ne signifie plus rien et que vous puissiez la donner. Cela peut prendre des années, et, pour certaines personnes qui aiment s'entourer des déchets de leur vie émotive, ce moment d'abandon peut ne jamais survenir.

J'ai déjà gardé un t-shirt qui avait appartenu à un de mes amoureux. Il me portait chance, et je le mettais toujours quand je prenais l'avion, parce que le bonheur qu'il me rappelait m'aidait à supporter le décollage. Cette histoire d'amour avait duré des mois. Le choc de la rupture a duré deux ans, mais j'ai mis cinq ans à pouvoir faire mes bagages sans apporter mon t-shirt préféré. Et il m'a fallu une année de plus avant de pouvoir le jeter. Comme je vous l'ai déjà dit, j'ai de la difficulté à lâcher prise.

Peu importe le temps que vous mettrez à vous débarrasser des preuves tangibles de votre amour, vous devriez tout de même avoir créé un espace dans votre vie et votre cœur. Continuez de faire du ménage. Écrivez une lettre à votre ancien amant pour lui dire exactement, en termes véridiques et même vindicatifs, ce que vous pensez de lui. Exprimez tout ce que vous ressentez — votre colère, votre peine, votre espoir perdu, votre gratitude, votre chagrin et vos regrets. Ensuite, brûlez cette lettre. Écrivez-en une autre. Brûlez-la également. Continuez d'écrire jusqu'à ce que vous soyez soulagé.

Maintenant, rédigez une publicité pour votre cœur. Vous pouvez vous inspirer du modèle suivant tout en utilisant vos propres termes :

Cœur à louer. Résidence parfaite pour le bon locataire. Maison familiale idéale ou séduisant nid d'amour. Colocataires bienvenus (ou non). Récemment rénové. Bail à court terme ou à long terme. Visite sur rendez-vous seulement. Références exigées.

Êtes-vous prêt à laisser savoir aux gens que votre cœur est disponible ? Peut-être pas. Dans pareil cas, continuez de le décorer. Fermez les yeux et imaginez-vous en train d'en faire le tour. Qu'apercevez-vous par la fenêtre ? Décrivez les meubles, les livres, les œuvres d'art et la musique que vous pouvez entendre. Y a-t-il de la place pour un nouvel occupant, ou est-il encombré de meubles démodés ? Si vous vous apercevez que l'ancien locataire est revenu s'installer en douce, soyez sans pitié. Changez les serrures. Et écrivez-lui d'autres lettres.

Peut-être n'êtes-vous pas prêt à accepter un nouvel occupant à long terme, mais rien ne vous empêche de recevoir une ou deux personnes à l'occasion. Vous n'êtes pas obligé de leur donner une clé. Pendant ce temps, continuez de revisiter votre cœur et de le redécorer. Emplissez-le de choses que vous aimez. Il n'y a aucune limite : vous pouvez piller les musées du monde, commander une œuvre aux plus grands artistes. C'est votre cœur après tout. Même s'il a été mis en pièces par l'ancien occupant, vous pouvez le reconstruire et en faire un palace.

Toute cette démarche vous aidera à ouvrir un sentier qui mène à votre cœur, à créer un nouveau lien avec le monde. Avec une telle chambre royale, emplie de musique, de couleur et de lumière, comment pourriez-vous encore une fois laisser entrer quelqu'un capable de la détruire ?

Maintenant, décrivez votre locataire idéal. Il traiterait votre cœur avec respect, sinon vous ne le laisseriez pas entrer, n'est-ce pas ? Il voudra peut-être apporter quelques-uns de ses meubles et entreposer certains des vôtres, mais cela peut s'avérer une démarche excitante, quand il y a amour et respect mutuels. Vous voudrez sûrement en savoir davantage sur lui avant de lui remettre vos clés. A-t-il de bonnes références ? Il pourrait emménager pour d'excellentes raisons, mais vous tenez à savoir s'il prendra bien soin de votre cœur. Je ne vous promets pas des miracles, mais je peux vous assurer que ce processus imaginaire vous enseignera beaucoup de choses sur vous-même, en plus d'être amusant. Si la chambre royale de votre cœur est emmurée, il s'agit là d'une manière simple de retirer chacune des briques qui vous empêchent d'aimer.

Comment demeurer
unis durant soixante ans

Nous avions l'intention d'organiser une fête dans une jolie auberge de campagne pour célébrer les noces de diamant de mes parents. Mon père, âgé de quatre-vingt-quatre ans, était allé visiter la salle et choisir le champagne et le menu. Puis, ma mère est tombée malade, et il a fallu l'hospitaliser. L'événement a donc dû être reporté.

La veille de leur anniversaire, mon père m'a appelée vers 22 h 30 pour me dire : « Dire que demain, cela fera soixante ans que je suis marié avec ta mère. Il me semble que ce n'est pas normal d'aller la voir à l'hôpital demain après-midi, comme si c'était une journée ordinaire. J'ai envie de prendre un taxi demain matin et de me rendre là-bas dès la première heure. Qu'en dis-tu ? »

« Bonne idée ! » lui ai-je répondu, même si, depuis six mois, mon père était confiné à la maison le matin en raison des nombreux malaises dus à son âge qui l'affligeaient. « C'est le moment idéal de faire un geste romantique. »

Et c'est ainsi que mon père, qui est rarement debout et habillé avant midi, s'est levé, lavé, rasé et habillé avant même qu'il soit 9 h. Puis, il est monté à bord d'un taxi, en route vers l'hôpital où ma mère de quatre-vingt-un ans se faisait soigner pour une pancréatite. Et c'est là, dans ce lieu public, qu'il lui a dit pour la énième fois combien il l'aimait.

Ils s'étaient mariés soixante ans plus tôt dans une petite église, sous le soleil de mai de la campagne anglaise. À ce moment-là, les deux tourtereaux se connaissaient depuis moins de six semaines. C'était durant la guerre, en 1944. Mon père, alors âgé de vingt-quatre ans, était lieutenant d'aviation dans la Royal Air Force, tandis que ma mère faisait partie de la Woman Auxiliary Air Force. Il a eu le coup de foudre dès qu'il a aperçu « cette jolie demoiselle ». Le lendemain, il l'a demandée en mariage, et elle lui a répondu en appuyant sa tête contre sa poitrine : « Merci de me le demander, mais c'est non. » Après des semaines de persistance, de poésie et de charme, elle lui a dit : « Tu peux me le demander de nouveau. » Et c'est ce qu'il a fait. Et elle a répondu oui, cette fois-ci. Quand il lui a demandé pourquoi elle avait changé d'idée, elle lui a expliqué : « Tu es beau, intelligent et tu possèdes une bonne éducation, et je suis plutôt du genre snob et intellectuel. » Ils se sont mariés une semaine plus tard, grâce à une autorisation spéciale de l'évêque de Salisbury. Il faut dire que c'était pendant la guerre.

Ils n'avaient pas eu le temps de rencontrer les membres de leur famille respective, bien que mon oncle ait reçu un congé de l'armée afin de pouvoir servir de père à ma mère durant la cérémonie. Mon père portait son uniforme, et ma mère un joli costume. Ils ont passé leur lune de miel dans un hôtel, au bord de la mer.

Le jour de leurs noces de diamant, soixante ans plus tard, il faisait aussi beau que le jour de leur mariage. Cet après-midi-là, je suis retournée à l'hôpital avec mon père, les bras chargés de cartes, de présents, d'un gâteau et d'un bouquet de fleurs odorantes. Nous sommes allés nous asseoir dans la cour ensoleillée de l'hôpital et nous nous sommes demandé comment ils avaient fait pour demeurer unis toutes ces années.

Mon père, un ancien écrivain qui souffrait d'arthrite aux mains, avait commencé la journée en rédigeant son journal intime, chose qu'il n'avait pas faite depuis fort longtemps. « En cette même journée, il y a soixante ans, j'ai eu le grand bonheur d'unir ma vie à Wendy », avait-il griffonné laborieusement. Quand je lui ai demandé « Dis-moi, papa, quel est le secret ? », il a réfléchi une seconde, puis m'a répondu d'un ton catégorique : « La chance. »

C'est vrai qu'il y a un certain élément de chance dans le fait d'épouser quelqu'un que vous connaissez depuis à peine six semaines et de constater au bout de soixante ans que vous n'avez pas épousé un meurtrier, mais un être infiniment bon, aimant et gentil. Ma mère, naturellement, croyait que la chance n'était pas uniquement en cause. « Il ne faut jamais se dire qu'il pourrait en être autrement. » Mon père a ensuite expliqué : « Pour durer, il faut être capable d'être fâchés l'un contre l'autre sans jamais en venir à nous détester. » Ce à quoi ma mère a ajouté : « Et il faut que chacun ait ses propres activités intéressantes, afin de ne pas toujours dépendre de l'autre. »

Toutes ces choses sont vraies. En tant qu'enfant unique, j'ai été un témoin privilégié de leur amour. Faisant partie de ce triumvirat, j'ai souvent reçu les confidences d'amour et les critiques de chacun par rapport à l'autre.

« Ton père est parfois pénible à supporter », a soupiré ma mère, bien qu'elle accepte volontiers ce petit travers. « Ta mère est très impétueuse et entêtée », a grommelé mon père en marmonnant que même si tout le monde considère ma mère comme une sainte femme, elle a un très mauvais caractère, ce qui, je le sais, est vrai.

Ils m'ont aussi confié les beaux aspects. « Ton père est un homme remarquable. » « Ta mère est une très bonne personne », a ajouté mon père, lui qui est beaucoup moins tolérant et sociable qu'elle.

Parfois, dans leurs moments d'exaspération et de frustration, il m'est arrivé de vouloir défendre l'autre quand l'un des deux était particulièrement fâché. Mais cela n'a servi qu'à les monter tous les deux contre moi. Ils me disaient alors qu'aucun couple n'était aussi uni que le leur, aussi bien assorti et que si je croyais que l'un d'entre eux était méchant ou manquait d'égards envers l'autre, c'était parce que je ne comprenais pas la nature unique de leur relation. Je n'avais pas d'autre choix que de me la fermer.

En tant que produit unique et témoin à vie de cette relation étroite et épanouie, voici ce que j'ai observé. Il y a très peu de moments de silence dans leur couple. Ces deux êtres se trouvent toujours intéressants. Ils échangent continuellement que ce soit sur l'état du monde, sur ce qu'ils lisent ou regardent à la télévision, sur ce qu'ils voudraient manger pour dîner ou planter dans le jardin. Ils agrémentent ce dialogue constant en se chamaillant et en argumentant, mais deviennent contrariés dès que quiconque croit à tort qu'ils se disputent. Ils ne sont jamais d'accord. Ils se respectent mutuellement, tout en éprouvant un profond respect pour eux-mêmes et pour leurs opinions qu'ils défendent avec vigueur. Ils s'aiment beaucoup, et leurs plus grandes disputes ont lieu quand l'un des deux est convaincu qu'il sait exactement ce qui est mieux pour l'autre.

Cet échange ininterrompu ressemble au mouvement des marées. Il prend parfois la forme d'une querelle passionnée, empreinte de frustration. Parfois, il s'exprime tendrement par un doux baiser, une étreinte ou une caresse sur la main ou la joue. Ma mère essaie de lui éviter les embûches. Mon père essaie de ralentir ma mère et de l'empêcher de trop en faire et de s'épuiser. Quand l'un est déprimé, l'autre, compatissant, tremble d'inquiétude. Dans leurs moments de détente ou en vacances, ils retrouvent leur jeunesse d'antan. Même s'ils ont plus de quatre-vingts ans, ils ont gardé la curiosité intellectuelle, la vivacité et l'humour qui les rendaient irrésistibles quand ils étaient jeunes, beaux et débordants d'énergie.

Durant leur vie à deux, mes parents ont dû surmonter des périodes difficiles. Ils ont été confrontés à des crises, à des drames, sans compter la maladie. Mais aucun des deux n'a jamais baissé les bras, que ce soit face à la vie, aux problèmes ou à l'autre. Ils savent s'apprécier. Ma mère a toujours l'air impeccable, et mon père est toujours fier qu'elle prenne aussi bien soin de sa personne. Ma mère est souvent renversée par l'ingéniosité de mon père, sa débrouillardise et son intelligence.

Il y a cependant certaines batailles qu'ils ne gagneront jamais. Mon père dit qu'en soixante ans, ma mère ne l'a jamais laissé terminer une phrase. Durant soixante ans, mon père n'a jamais manqué de rendre folle ma mère en disparaissant quelque part au moment où elle déposait les plats chauds sur la table, ce qui doit bien représenter vingt mille repas. Mais il ne manque jamais non plus d'apprécier la nourriture et de lui dire combien il la trouve bonne. Il m'est arrivé de voir ma mère s'élancer en furie contre mon père, du haut de son mètre cinquante-deux, tout comme il m'est arrivé de voir mon père se dresser sur son mètre quatre-vingt-deux et lui dire avec ressentiment qu'il ne lui pardonnerait jamais l'affront qu'elle venait de lui faire. Mais elle finit toujours par se calmer, et lui par lui pardonner. Rien n'est irrévocable. La tendresse reprend toujours sa place.

Ma mère a raconté à ma fille — sa petite-fille — qu'ils avaient traversé beaucoup d'épreuves qui auraient entraîné un divorce chez les autres, mais pas dans leur cas.« C'est dommage de voir tous ces gens qui divorcent et qui ne sauront jamais ce que c'est que de vivre en couple aussi longtemps que Mamie et Bill », a commenté ma fille.

À quoi ressemble une telle vie à deux ? C'est faire partie d'un dialogue qui dure toute une vie. C'est être un individu à part entière, résolu et indépendant, dont l'engagement envers l'autre à surmonter les défis tels que la lassitude, la colère, le désespoir, l'irritation profonde, la maladie et la dépression, est non négociable. Je ne peux pas m'imaginer qu'ils aient perdu seulement une minute à parler de séparation, alors qu'ils ont sûrement passé des heures, voire des jours, à discuter de la façon dont ils allaient traverser la prochaine étape ensemble. Vivre à deux, c'est être deux pôles opposés qui se repoussent et s'attirent pour toujours. C'est s'inquiéter davantage pour l'autre que pour soi. C'est être deux individus qui ne laisseraient jamais tomber leur partenaire, qui ne se souhaiteraient jamais bonne nuit sans tendresse ou qui ne se quitteraient jamais sans un baiser. C'est être deux individus vivement motivés par ce qui est bon pour l'autre. C'est former un tout indivisible et impénétrable. Et c'est représenter pour l'autre une source infinie d'affection et de pardon.

Il y a quelques années, mon père a admis qu'ils en étaient rendus à l'étape de leur vie où, en se réveillant le matin, ils tendaient l'oreille pour voir si l'autre respirait encore. L'ange de la mort a volé au-dessus de nous à quelques reprises. Ses ailes fatales sont venues jeter une ombre sur nos vies, avant qu'il ne reprenne son envol, sans avoir osé faire de geste définitif. Je soupçonne fortement que mes parents étaient trop centrés sur eux-mêmes, malgré l'âge et la maladie, ainsi que sur leurs soixante années d'épreuves, d'attention et de préoccupation, pour lui prêter vraiment attention.

Ma comptabilité de l'amour

Voici mon analyse de l'amour. Je suis seule. Je suis seule dans une pièce. Je suis seule dans une maison. Je suis seule dans la rue. D'ailleurs, en ce jour même, il faudrait que je parcoure un bon bout de chemin avant de trouver un autre être humain que je pourrais caresser ou qui serait susceptible de me caresser.

Nulle part où trouver de l'excitation sexuelle ou du réconfort. Je pourrais trouver quelqu'un pour m'embrasser sur la joue et me serrer dans ses bras à moins d'un kilomètre, mais il faudrait que je parcoure quinze kilomètres à travers la ville pour recevoir un véritable câlin. Sur la carte de mon pays, il y a des endroits où je pourrais recevoir une étreinte amoureuse, mais certains d'entre eux se trouvent à des centaines de kilomètres. De l'autre côté de la Manche, en Europe, je pourrais également trouver des étreintes et des baisers, mais ce matin, je devrai me contenter de les imaginer.

Que puis-je faire — seule dans la pièce, dans la maison et dans la rue —, pour me sentir liée et nourrie, pour connaître l'affirmation de soi et la joie de vivre qui accompagnent l'amour ?

Je pourrais de toute évidence utiliser le téléphone. Quand je rentre d'un long séjour, comme je l'ai fait hier, je renoue avec mon univers par l'entremise de la voix humaine. Il y a des gens — mes filles, mon ex-époux, des amis, des cousins, mes parents — avec qui j'ai besoin de reprendre contact pour me sentir solidement ancrée dans mon monde. Je tiens à ce qu'ils sachent où je suis et comment je vais. Et j'ai besoin de savoir où ils sont et comment ils vont. Pour me sentir bien émotionnellement, j'ai besoin de prendre de leurs nouvelles, de rire avec eux, de les écouter me raconter leurs bons coups et leurs inquiétudes. Leurs voix familières au téléphone ont un effet physique sur moi qu'aucun courrier électronique ne peut avoir. Je deviens plus calme à mesure que je renoue avec mon clan et que je tisse un autre fil sur ma toile émotionnelle.

Je suis cependant toujours seule dans la pièce, dans la maison et dans la rue. Je rentre d'un séjour et j'aurais bien aimé être accueillie par une voix amicale, des bras chaleureux et une main pour prendre ma valise ou me faire une tasse de thé ou un repas. L'amour avec un grand A a beau faire les manchettes, ce qui me manque le plus quand je retrouve la solitude de ma maison après avoir séjourné dans celle d'autres personnes, c'est l'amour paisible qui alimente le quotidien.

Je savoure donc l'un des plus grands cadeaux de la solitude : la réflexion qui favorise la prise de conscience. Dans le tohu-bohu de la vie en société, nous avons peu le temps de penser, de trier et d'analyser. Je viens de passer plusieurs jours dans une maison en compagnie de douze personnes dont l'âge variait de quinze mois à soixante ans. Nous avons partagé beaucoup de moments, de rires, d'activités et de liens émotifs, sans jamais avoir le temps de penser. Je profite donc de ma solitude pour réfléchir. L'idée n'est pas de me laisser envahir de pensées obsessives, comme cela arrive aux gens qui sont trop souvent seuls, mais de réfléchir à tête reposée.

Seule dans la pièce, dans la maison et dans la rue, avec tout mon temps, je compte réaliser ma propre comptabilité de l'amour. Je vais comptabiliser mes actifs et compiler mes débits. Je tiens à avoir un portrait clair de ma richesse et de ma pauvreté émotionnelle. Je veux connaître le capital auquel j'ai accès. Je veux savoir comment rembourser mes dettes, mettre à profit mes actifs, en plus d'évaluer les dépenses qui me font plaisir et les risques que je peux prendre.

Je lève les yeux de ma feuille. J'aperçois le miroir suspendu au-dessus de la cheminée et les deux cartes que j'y ai collées. L'une est un mot de remerciement d'une amie qui est venue passer un week-end avec moi et avec qui j'ai échangé des confidences. L'autre est une photographie que j'ai prise, dans les vallées vertes de l'Islande, d'un ruisseau d'eau chaude. L'image du cours d'eau sillonnant la verte prairie me rappelle le jour où nous étions cinq à sauter dans ce bain de vapeur. Nous nous sommes laissés flotter, en riant et en chantant, avec, à la hauteur des yeux, des brins d'herbe et des fleurs sauvages qui s'étendaient de part et d'autre du cours d'eau. Un pur moment d'émerveillement.

Une petite photographie est appuyée au miroir. C'est celle d'un homme barbu vêtu d'une tunique afghane, avec, à ses côtés, deux petites filles au regard brillant qui portent des robes d'été et des bas afghans. L'homme est mon ex-époux, Ken, le jour de son retour d'une mission d'aide médicale en Afghanistan. Il voyageait alors en tenue locale avec des Moudjahiddins, durant l'occupation russe. Il était tellement maigre à son retour que nous ne l'avons pas reconnu à l'aéroport. C'est une de mes photos préférées, pleine de souvenirs. La raison pour laquelle elle m'est chère est que mes filles l'ont décorée une année, à la fête des Mères, en collant des feuilles et des fleurs tout autour et en inscrivant « *Mum* » dans le coin gauche supérieur. Les fleurs assombrissent quelque peu la photo, mais je ne les enlèverais pas pour tout l'or du monde.

Il y a encore d'autres objets sur le manteau de la cheminée : une poignée de galets provenant d'une plage grecque, une sculpture en bois de deux oiseaux dans un arbre pour laquelle j'ai eu un coup de cœur, ainsi qu'un petit ange en bois que j'ai reçu en cadeau. Il y a aussi une chandelle qui dégage une odeur de figues qu'on m'a donnée à Noël et une bouteille de mon parfum préféré à base de figues qui me vaut toujours des compliments quand je le porte.

Où que je pose mon regard dans la chambre, la pièce dans laquelle je suis seule, je vois des objets qui m'aident à me sentir de moins en moins seule. Ma chambre est un port empli d'ancres auxquelles sont rattachées des gens, des souvenirs et des liens avec d'autres lieux et d'autres époques. Je parcours la pièce des yeux et des noms me viennent à l'esprit, des réminiscences. Élaine m'a donné ce secrétaire portatif, les enfants, ce radio-réveil. J'ai acheté ces pierres de Daryl, ce collier en verre vénitien de Valerie. J'étais avec Marianna, le jour où j'ai déniché cette petite lampe, et avec Deidre et Susie, la fois où j'ai acheté cet oiseau en verre vert, sur l'île de Crète. Mon appareil photo numérique sur la tablette renferme les trésors d'amour que j'ai accumulés : des images de la maison recouverte de neige de David et de Daryl ; de Mel et de Rhiannon assis à la table de la cuisine ; de Harriet, Jen et Alistair en train de faire les idiots dans la cuisine du phare, et de Rachel en train de me préparer un repas. La chambre me rappelle leur présence, pas leur absence.

Sur le plancher, il y a une pile de CD que j'adore. Mon tableau préféré est accroché au mur : il représente une petite famille sur une plage, il y a plus de cent ans. L'artiste a su refléter l'amour et l'affection dans les courbes de ses coups de pinceau, ainsi que les gestes familiers de tendresse entre sa femme et son enfant.

Voilà tout ce que je vois d'un simple coup d'œil. Je n'ai pas eu besoin d'ouvrir un placard ou un tiroir pour trouver des preuves d'amour. Je n'ai pas été obligée de quitter cette pièce pour aller dans une autre, pour faire le tour du lot d'amour que me procure chaque objet dans ma maison ou pour me demander pourquoi je conserve toujours ce meuble, ces livres ou ces objets qui sont dépourvus d'amour.

Je ne suis pas seule dans la pièce. Pas seule dans la maison. Et peut-être pas seule dans la rue. De la fenêtre de ma chambre, je peux voir les plantes accrochées à la fenêtre de mon voisin. Terry aime prendre soin de mon jardin et s'occupe du sien avec amour. Même si je n'aperçois que le mur gris de sa maison, je sais que derrière se cache une jungle urbaine intime, empreinte de mystère et de magie, avec des arbres et des buissons exotiques. Entre nos deux maisons, l'érable qui pousse au bord du trottoir devant ma maison commence à se garnir de feuilles parsemées de veines roses. J'aurai bientôt droit à mon écran solaire de feuilles épaisses. J'aime cet arbre pour sa beauté, sa luxuriance, pour les mésanges bleues, les geais et les pies qui le fréquentent, et pour l'écran d'intimité qu'il me procure.

Je ne suis pas seule dans la pièce. Pas seule dans la maison. Pas seule dans la rue. Je mets ma comptabilité de côté, avec ses colonnes de crédit interminables. Le fait de l'avoir entrepris a éveillé en moi un sentiment de plénitude. Je me sens privilégiée. Je ne reçois peut-être pas d'amour de la part d'un amoureux, de cette âme sœur à laquelle tout le monde aspire. Je sais par contre que je suis entourée d'amour quand je m'arrête et que je prends le temps d'en voir les signes.

Des amis pour la vie

L'amour exclusif ne dure pas, mais si vous êtes particulièrement attentionné envers vos amis, ils seront toujours présents dans votre vie. J'adore
mes amis. Qui sont-ils ? Ce sont les membres de ma famille, mes compagnons de voyage, mes colocataires, mon support affectif, mon filet de sécurité, mes alliés durant mes peines d'amour, mes compagnons d'aventure et de
plaisirs de toutes sortes.

Mes amis représentent aussi ma mémoire et les témoins de qui je suis.
Nous prenons soin de nous. J'ai un ami qui s'appelle Peter. Nous avons fait
connaissance de part et d'autre d'une clôture quand j'avais deux ans. Nous
nous sommes mordus et nous avons fraternisé. Peter vient d'avoir soixante
ans. C'est un grand-père, un professeur et un citoyen sobre en tout. Pour son
soixantième anniversaire, je lui ai lu un poème que j'avais écrit et qui commençait comme suit : « Peter avait un carré de sable. » Cela l'a beaucoup
touché, parce qu'il avait oublié qu'il avait déjà eu un carré de sable. Nous ne
nous fréquentons pas régulièrement et nous avons raté des grands bouts de
nos vies respectives, mais nous partageons des souvenirs d'enfance qui

n'appartiennent qu'à nous. C'est pour cette raison que nous accordons beaucoup de valeur à notre longue amitié.

Durant la période la plus active de ma quête amoureuse, c'est-à-dire à l'adolescence et dans la vingtaine, il m'arrivait plus souvent d'accorder toute mon attention à un nouvel amour et de laisser tomber les amis. On considérait alors comme acceptable, voire naturel et même souhaitable, d'annuler un rendez-vous avec une copine pour sortir avec un garçon qui nous intéressait. Le mouvement féministe a tout révolutionné. L'amitié féminine n'est plus reléguée au deuxième rang. Elle semble nécessiter autant de temps et de respect social que n'importe quelle relation amoureuse. De nos jours, je vois des jeunes femmes dans la vingtaine accorder autant d'attention à leurs amies qu'à leurs amoureux, et elles ne font pas l'erreur de mettre tous leurs œufs dans le même panier sur le plan social. Elles savent que les amoureux viennent et vont, mais que les copines sont pour la vie, si elles prennent bien soin de ces amitiés.

J'ai déjà vécu une relation très intense, ou du moins, j'étais dans une relation avec un homme très intense. Je n'avais plus de temps à accorder aux autres, et, à l'époque, cela me convenait parfaitement. Puis, j'ai réalisé que lorsqu'il partait en voyage d'affaires, il m'arrivait de reprendre contact avec mes vieux amis abandonnés et à m'amuser davantage avec eux. J'ai mis fin à la relation quand j'ai réalisé qu'après avoir passé la journée avec mes amis, je n'avais pas envie de retourner m'isoler avec mon amoureux dans notre petit nid d'amour.

À part les rapports sexuels, il n'y a rien que vous ne puissiez pas faire avec vos amis. Vous pouvez voyager, manger et boire, vivre avec eux, faire du sport ou de longues randonnées. Vous pouvez les appeler quand vous êtes heureux, vous apitoyez sur votre sort quand vous ne l'êtes pas, les aider quand ils sont malades ou quand ils ont une peine d'amour et leur demander de l'aide en retour. Vous pouvez aller danser avec eux, boire un coup, rester des années sans vous voir, puis reprendre le fil là où vous l'aviez laissé. C'est d'ailleurs l'un des grands bonheurs de ma vie d'avoir pu renouer avec des amis intimes après mes années de mariage et celles consacrées à élever mes enfants, et de constater que le lien était aussi solide que si nous nous étions quittés la veille.

La meilleure relation au monde serait celle où vous auriez développé une amitié profonde avec quelqu'un, ainsi qu'une bonne complicité sexuelle. Je connais des unions semblables. Je les envie et je leur souhaite beaucoup de bien. Mais ce qui me procure une grande part de bonheur dans la vie, c'est l'amitié, parce que les amis se comportent toujours du mieux qu'ils peuvent entre eux. Tant pis pour le sexe ! On ne peut pas toujours avoir le beurre et l'argent du beurre !

Les célibataires et leur habitat

Quand vous êtes jeune et entouré de gens de votre âge, il est facile de trouver des partenaires potentiels. C'est plus tard que les choses se corsent. Dans le cadre de mes recherches pour la rédaction de ce livre, j'ai participé à un atelier d'un week-end sur les relations, animé par Seanna McGee et Maurice Taylor, les auteurs du livre *The New Couple*. Il s'adressait aux célibataires, et je m'étais dit qu'il y aurait sûrement beaucoup plus de femmes que d'hommes, bien que les ateliers s'adressent aux deux sexes et que des hommes y assistent. J'ai appris par expérience que la plupart des hommes britanniques aimeraient mieux recevoir un traitement de canal que de passer plus de cinq minutes à parler de leurs relations et de leurs émotions. Quand j'ai appris que l'atelier avait lieu en même temps qu'un important match de football, je m'attendais à ce qu'il n'y ait aucun homme — et j'avais raison.

Les autres femmes, cependant, étaient déçues. Elles avaient espéré pouvoir rencontrer quelqu'un durant l'atelier. Durant ce week-end, nous avons beaucoup appris sur la façon de réussir notre vie de couple. Nous avons parlé de la colère et de la façon de l'exprimer sainement. Nous avons appris à écouter et à développer une meilleure estime de soi afin de pouvoir établir des relations saines dans l'avenir. Si le sujet vous intéresse, je vous recommande le livre de Seanna et de Maurice. Ce que nous n'avons pas appris durant ce week-end, par contre, bien que cela nous préoccupait toutes particulièrement, c'est où trouver l'âme sœur.

Si vous êtes un homme, sachez qu'il y avait vingt-cinq femmes présentes à l'atelier, toutes belles, intelligentes et disponibles. Cela n'aurait-il pas valu la peine de perdre votre week-end pour profiter d'une pareille occasion ? Surtout que ces femmes étaient venues apprendre des techniques pour s'éviter beaucoup d'ennuis dans leurs futures relations. Et si ce n'est pas cet atelier en particulier, n'importe lequel fera l'affaire. Dans le monde de la croissance personnelle, il y a toujours plus de participantes que de participants.

Si vous êtes une femme à la recherche d'un homme, vous pourriez tirer leçon d'une fille appelée Rosie, présente à l'atelier, qui disait qu'elle rencontrait souvent des hommes sur le terrain de golf, bien qu'elle ait rencontré au travail le dernier homme avec qui elle a eu un rendez-vous amoureux. Et je gage que si vous aviez pu attirer leur attention, vous auriez eu l'embarras du choix parmi les hommes qui assistaient en grand nombre à cet important match de football. Cela vous paraît futile ? Peut-être n'êtes-vous pas le genre d'homme à rechercher une femme qui fréquente les ateliers de croissance personnelle ou le genre de femme qui veut un homme qui passe son temps à faire du sport et à regarder des matches à la télévision. Les femmes, cependant, s'intéressent aux émotions et cherchent davantage à s'améliorer que les hommes, tout comme ces derniers s'intéressent aux sports — du moins la moyenne des hommes. Quand j'étais étudiante, ce n'est pas parce que le criquet m'intéressait que j'ai offert mes services pour préparer le thé lors des matches. C'était parce que les garçons m'intéressaient et que c'était le meilleur endroit pour en rencontrer. Et dire que, des décennies plus tard, c'est encore un des meilleurs endroits.

Il est beaucoup plus difficile de trouver l'amour après les études, une fois que vous êtes entré sur le marché du travail et que vous n'avez plus le temps de chercher. Depuis quelques années, les sites de bavardage en ligne et les agences de rencontre ont poussé comme des champignons pour aider les générations de célibataires enchaînés à leur ordinateur à trouver l'âme sœur. Vous avez plus de chance de rencontrer quelqu'un sur Internet que dans la vie réelle, que ce soit dans un bar ou lors d'une fête. Après tout, il y a des millions de gens dans le monde virtuel, alors que vous connaissez déjà les personnes qui fréquentent le bar de votre quartier.

Il n'en reste pas moins que, pour votre estime de soi et pour vous distraire, la bonne vieille méthode s'applique toujours : sortez le plus souvent possible. L'autre jour, je me suis beaucoup amusée aux courses. Il y avait beaucoup d'hommes intéressants et j'avais meilleur moral à mon retour à la maison. Hier soir, j'ai assisté à un vernissage dans une salle bondée de célibataires dans la vingtaine et la trentaine. Grâce à mon abonnement annuel à la galerie d'art, je reçois beaucoup d'invitations de ce genre. Cela me permet d'en apprendre davantage sur l'art et d'améliorer ainsi ma qualité de vie. Je n'ai pas rencontré l'âme sœur, mais je suis revenue chez moi de fort bonne humeur.

Tout le monde doit manger, alors presque tout le monde fréquente les bars, les restaurants et les supermarchés. Et tout le monde doit gagner sa vie. D'après les statistiques et ma propre expérience, c'est à leur lieu de travail que la plupart des gens se rencontrent. Voilà pourquoi je suis un peu perplexe devant les efforts déployés par les employeurs pour limiter les histoires d'amour au travail. Si ce n'est pas au travail, où trouver l'amour alors ? Par ailleurs, pour accroître vos chances, pourquoi ne pas essayer de trouver un emploi dans un milieu dominé par le sexe opposé. Par exemple, à mes débuts dans le journalisme, j'ai vite compris qu'il y avait davantage de femmes qui travaillaient pour les magazines féminins et davantage d'hommes pour les journaux. C'est simple, non ? Alors si vous êtes une femme, faites-vous engager dans un journal. Si vous êtes un homme, trouvez-vous un emploi dans un magazine féminin.

La recette du bonheur, par contre, c'est de ne pas chercher l'âme sœur à tout prix. Vous devez vous adonner à des activités qui vous plaisent. Vous devez accomplir des choses qui améliorent la qualité de votre vie, que vous la partagiez ou non avec quelqu'un. Et si votre vie paisible et agréable vous fait rencontrer l'âme sœur, eh bien, dites-vous que c'est du bonheur en prime.

Le pouvoir du toucher

J'étais dans un spa, en Irlande. Pendant qu'elle me massait, voici ce que la jeune Irlandaise m'a raconté au sujet de sa formation. « Vous savez, m'a-t-elle dit d'un ton rêveur, mon cours préféré était le massage, parce que nous nous massions les uns les autres. Nous avons donc appris à donner des massages et en recevoir pendant que les autres élèves s'entraînaient. C'était très affectueux. »

Étendue sur la table, offerte à ses mains expertes, j'ai acquiescé en silence. Comment décrire l'affection contenue dans un massage ? Nous sommes souvent en manque d'affection, mais il suffit du toucher d'un être humain expérimenté pour en recevoir. Et le fait que vous devez payer pour obtenir un bon massage ne signifie pas qu'il s'agit d'un échange purement commercial. Vous pouvez aussi acheter de l'amour. Il suffit de tomber sur la bonne personne.

J'ai grandi et je vis maintenant dans une société anglo-saxonne pour qui le toucher est intimidant et légèrement suspect. Heureusement, nous sommes beaucoup moins coincés qu'avant. Nous avons moins de difficulté à nous étreindre, à nous faire l'accolade et à nous embrasser — même les hommes, surtout dans le milieu sportif. D'autre part, nous sommes devenus plus prudents et réservés. Le fait d'être sensibilisés aux abus sexuels envers les enfants et la menace d'être poursuivis pour harcèlement sexuel ont inhibé beaucoup de gens ; ils évitent le plus possible les contacts physiques. Nous devons réfréner le geste instinctif de serrer un enfant dans nos bras pour le réconforter. L'affection physique risque de n'être réservée qu'aux adultes consentants. Pourtant, l'affection physique — qu'elle soit exprimée par un simple toucher, une douce caresse ou une étreinte, ou encore en tenant la main de quelqu'un ou en lui ébouriffant les cheveux — constitue une façon naturelle d'exprimer de l'amour.

Nous avons besoin d'être touchés autant que nous avons besoin de respirer et de manger. Les enfants, les animaux et les femmes qui reçoivent des étreintes et des caresses se portent mieux que ceux qui n'en reçoivent pas. Cela favorise la production d'ocytocine. Ce n'est apparemment pas aussi important pour les hommes, parce que leur système hormonal est différent. Je n'y avais jamais songé jusqu'à ce que je rencontre une femme plus âgée, divorcée, qui m'a raconté qu'elle s'offrait chaque semaine un massage complet, parce qu'elle vivait seule et avait besoin d'être touchée. Même les gens qui sont dans une relation et qui ont une vie sexuelle relativement épanouie expérimentent rarement le réconfort rituel et l'éveil du corps que peut procurer un bon massage. Il est possible de stimuler, de détendre et de lier au reste du corps ces endroits rarement caressés, comme le creux entre les omoplates ou la plante des pieds, jusqu'à ce que nous prenions pleinement conscience que nous ne formons qu'un avec notre corps, comme un enfant. Ah ! le réconfort d'une caresse affectueuse !

Les femmes expérimentent le pouvoir du toucher quand elles vont chez la coiffeuse ou la manucure, et les hommes, chez le barbier. C'est le pouvoir du toucher qui incite les garçons à se chamailler comme des oursons et les hommes à pratiquer des sports de contact. Le pouvoir du toucher s'exprime aussi lorsque nous faisons notre toilette. C'est le pouvoir du toucher qui rend les animaux de compagnie si précieux. Le simple fait de caresser ces boules de poils nous apaise. C'est le pouvoir du toucher qui pousse les petites filles et les amoureux à se tenir par la main — ainsi que les hommes, dans les pays où il est interdit aux hommes et aux femmes d'exprimer ouvertement entre eux leur affection. Dans les pays arabes, africains et asiatiques, il arrive souvent que des hommes se tiennent la main dans la rue, et je trouve cela charmant.

La puissance du toucher affectueux réside dans le fait qu'il n'exige rien en retour. C'est un simple don. La caresse sexuelle possède bien sûr un effet puissant, mais elle vise un but et peut aussi bien entraîner de la douleur que du plaisir. Notre société est devenue trop sexualisée pour admettre que tout le monde a besoin de caresses apaisantes qui ne cherchent pas à exciter. Le seul but d'une caresse affectueuse est de réconforter, de soulager la tension et de procurer du plaisir. J'ai appris qu'il m'est plus facile de supporter les périodes où je suis sans amoureux lorsque je trouve quelqu'un, comme ma masseuse irlandaise, pour chouchouter mon corps. Ah ! le réconfort d'une caresse affectueuse !

La foule bienveillante

L'amour n'est pas une ressource qui se renouvelle d'elle-même. Il faut le nourrir et le remplacer. Pour pouvoir donner de l'amour, je dois aussi en recevoir. Je dois sentir l'énergie de l'amour se renouveler en moi si je ne veux pas voir ma source se tarir. J'ai besoin de sentir l'amour autour de moi pour me sentir en vie et pour pouvoir en donner à mon tour.

Il y a de nombreuses façons d'échanger de l'amour. Former un couple n'en représente qu'une seule. Pour recevoir de l'amour, je ne peux pas me contenter de rester seule dans une pièce. Le téléphone, les courriers électroniques et les messages textes sont des moyens utiles, mais ils ne constituent pas une fin en soi. L'être humain a besoin d'avoir un contact physique avec les autres, tout comme nous avons besoin d'un contact émotionnel. Quand je me sens seule ou coupée du monde, je sais que je peux aller me recharger dans une foule bienveillante.

C'est dans une foule bienveillante que nous pouvons partager une même émotion avec d'autres individus. L'exaltation due à une émotion collective est immense. Elle peut transformer une vie et transporter l'âme. Vous pouvez sentir la puissance de cette émotion collective aussi bien à un concert classique qu'à un concert rock, au stade, au théâtre, au ballet, à l'opéra, dans une boîte de nuit, à l'hippodrome, à des épreuves d'athlétisme, à une rencontre de renouvellement de la foi ou à un rassemblement politique.

Choisissez bien votre foule. Les foules rassemblées à Nuremberg se sentaient sans doute exaltées, inspirées et bienveillantes, mais elles ne l'étaient pas. Vos émotions sont amplifiées dans une foule, parce que vous vous alimentez alors à une immense source d'énergie collective, alors soyez sélectif au sujet de votre foule bienveillante et de ses intentions. Vous souhaitez faire le plein d'amour envers l'humanité, et non pas de haine envers un ennemi. Et comme il est normal d'être ouvert aux autres et de ne pas autant vous protéger dans une foule bienveillante, prenez garde de vous laisser envahir par les forces destructrices qui sont déployées dans les foules malveillantes. Vous voulez vous sentir heureux d'être en vie. Vous voulez vous sentir transcendé et renouvelé.

Dans cette quête d'amour, je fais référence à l'abandon de l'ego, au moi séparé qui s'unit à quelque chose de plus grand, que ce soit un couple, une famille, une équipe de football ou une nation. Une personne qui est transportée par un amour collectif affiche la même expression euphorique et incrédule qu'un amoureux transi : le visage rouge d'émotion, l'esprit légèrement confus, le regard brillant et la conscience tournée vers l'intérieur à la pensée de quelque chose de merveilleux. Dans une foule bienveillante, cependant, cette émotion n'est pas suscitée par un amoureux, mais par un groupe rock, un orateur charismatique ou une performance sportive époustouflante.

Vous pouvez vous joindre chaque semaine à une foule bienveillante près de chez vous. Cela vous aidera à vous sentir à nouveau humain, mais prenez le temps de vous renseigner d'abord. Lorsque vous choisissez un endroit et des personnes avec qui fusionner et abandonner votre ego, vous devez appliquer les mêmes critères de sélection que s'il s'agissait d'un individu. Est-ce que je suis en sécurité, dans cette foule ? Risque-t-elle de me faire du mal ? Va-t-elle m'entraîner à adopter des comportements compulsifs ? À porter

des vêtements ridicules ? À faire de folles dépenses ? À prendre un engagement que je ne veux pas prendre ? Le risque est moindre qu'avec un individu parce que l'engagement est beaucoup moins fort également. Vous pouvez
toujours vous éloigner de la foule. Mais si jamais vous vous retrouvez au
milieu d'une foule bienveillante qui s'éclate en accomplissant une chose
transcendante, éblouissante, inoffensive et humaine, vous apercevrez alors
un autre visage de l'amour et vous vous sentirez merveilleusement bien.

La chasse à l'amour

Je suis toujours en quête d'amour. La seule différence, maintenant, est que je le cherche à des endroits différents. Je suis récemment allée cueillir des champignons dans la région avec deux amis et un petit chien appelé Lily. À nous trois, nous disposions de trois nez, de trois paires d'yeux, de deux paires de lunettes, d'un appareil photo, d'un guide sur les champignons empli de photos couleur et du souvenir collectif de ce à quoi ressemble un champignon. Les sens du chien étaient beaucoup plus aiguisés que les nôtres, mais ce dernier n'affichait aucun intérêt pour ces végétaux. Sa seule contribution était de surgir à nos pieds quand nous nous réunissions tout excités autour d'une nouvelle découverte et de la piétiner pour voir ce que nous examinions avec autant d'intérêt.

Nos recherches ont d'abord été vaines. Nous avancions en piétinant parmi les fougères, la bruyère et autour des racines des bouleaux et des chênes. Nous prenions les feuilles tombées au sol pour des champignons et les pierres pour des vesses-de-loup. Puis, peu à peu, à force d'observer les éléments statiques qui les entouraient, nous en avons aperçus. C'était l'automne, et on aurait dit que le sol, recouvert d'herbe séchée et de feuilles mortes, offrait aux champignons un camouflage parfait.

Cependant, comme nous savions à quoi ressemblaient les champignons, nous avons commencé à les distinguer parmi tout le reste. Notre regard, de plus en plus aiguisé, en dénichait partout autour de nous. Nous étions en train de devenir des experts. Les souches mortes en regorgeaient. Des petits chapeaux orange surmontant de minuscules pieds blancs poussaient parmi les feuilles de bouleaux. L'herbe était parsemée de petites taches violettes, celles des laccaires améthyste. Nous apprenions à scruter le sol avec soin en éliminant tout ce qui n'était pas du groupe des champignons. Et nous prenions de l'assurance à force d'observer.

Je crois que c'est l'approche que j'ai adoptée en rédigeant ce livre. Je sais qu'à force de s'entraîner, on développe sa propre capacité de filtrer les choses, et que cela fonctionne mieux quand on procède par discrimination. En ce qui concerne ma quête d'amour, cela signifie que mes antennes refusent tout simplement de voir ce qui n'est pas de l'amour. Par là, je ne veux pas dire que je recherche uniquement des gens dont je pourrais tomber amoureuse, mais plutôt que je détecte facilement les actes d'amour, qui se manifestent souvent de la même façon. Il suffit de s'y attarder.

Par exemple, pour trouver des signes d'amour dans une ville populeuse, il faut filtrer beaucoup de renseignements visuels trompeurs. Lorsque votre sens de l'observation est bien aiguisé, par contre, les preuves d'amour vous sautent aux yeux. Comme lorsque j'ai aperçu cette fillette d'environ douze ans qui entourait de ses bras un vieil homme de plus petite taille qu'elle. Ils avaient l'air amoureux. Le rire et le regard affectueux que le grand-père et la petite-fille s'échangeaient sans pudeur étaient l'amour incarné.

J'ai vu un homme en train d'essayer d'aider un autre homme en fauteuil roulant à grimper à bord d'un autobus, mais en vain, et trois ou quatre hommes venir tout bonnement lui prêter main forte. C'était un geste d'amour spontané, celui d'un être humain qui vient d'instinct en aide à un autre être humain.

Les actes d'amour sont spontanés et inclusifs. Ils s'expriment dans l'élan vers l'autre et le désir de l'étreindre. Ils sont empreints de tendresse. Ils se manifestent sans discrimination et sans réserve, aussi bien chez les vieux que chez les jeunes, entre les personnes de race noire et de race blanche, et entre les hommes, les femmes et les enfants. Ils ne cherchent jamais à contrôler ou à rabaisser. Ils expriment une joie de vivre et une fierté individuelle.

Quand vous apprenez à observer ainsi les actes d'amour, vous développez un œil pour le pseudo-amour, et cela vous est fort utile, car le monde pullule de fausses marques d'amour, comme c'est le cas quand des politiciens embrassent des bébés — ou leurs épouses. Tout comme ces vedettes qui feignent de s'aimer en s'enlaçant langoureusement devant les caméras ou pour faire mousser leur carrière. Vous le voyez aussi en société chez les gens qui portent un masque amical, un masque qui peut cacher le ressentiment, la discorde ou même l'indifférence. Vous le voyez chez les gens qui se critiquent et s'abaissent les uns les autres.

Vos antennes vous aident à détecter le manque d'amour. Elles voient la méchanceté et la mauvaise humeur. Elles débusquent les parents qui froncent les sourcils ou grondent leurs enfants en public. Vous parvenez même à observer l'écart qui sépare un couple qui vient de se disputer ou qui n'a simplement plus rien à se dire.

Amusez-vous à enfiler vos lunettes et à partir à la chasse à l'amour. C'est très édifiant. Vous en tirerez aussi beaucoup de plaisir, parce que ces petites scènes d'amour qui se manifestent en tout temps sous nos yeux s'avèrent souvent fort émouvantes, amusantes et inspirantes. Et c'est également fort instructif, parce que nous avons tous besoin de développer nos antennes pour distinguer le vrai du faux. Dans la vraie vie, la parodie de l'amour ne suffit pas. Avec les champignons, c'est une question de vie ou de mort : nous devons nous méfier des ressemblances. Et la différence entre le faux amour et l'amour authentique est ce qui distingue la souffrance du bonheur réel.

Cap sur l'amour !

Quelle direction indique votre boussole ? Êtes-vous conscient de posséder une boussole intérieure, ou vous laissez-vous secouer par le vent des émotions, victime des forces extérieures dès le moment où vous posez le pied sur le plancher, le matin, jusqu'à ce que vous retrouviez votre lit douillet, à la nuit tombée ?

Essayez d'orienter votre boussole en direction du vrai nord, celui de l'amour. Quand vous ouvrez les yeux, le matin, aimez-vous ce que vous voyez ? Aimez-vous le visage qui repose sur l'oreiller à côté de vous ? Si oui, vous avez de la chance. Si non, que fait cette personne dans votre lit ?

Si vous n'avez pas de partenaire, aimez-vous vos draps ? La couleur des murs ? Les objets déposés sur votre table de chevet ? Le motif de vos rideaux ou la vue de votre fenêtre ? Si la réponse est non, n'est-ce pas un peu déprimant ? Il est sans doute difficile de changer la personne qui couche à vos côtés ou la vue que vous avez de votre fenêtre, mais rien ne vous empêche de changer vos rideaux ou vos draps. Apprenez à vous entourer consciemment de choses que vous aimez, et vous verrez s'amorcer un profond changement.

William Morris disait que nous ne devrions avoir chez nous que des choses que nous trouvons utiles ou belles. Voici mon idée de la perfection. Ne possédez rien dans votre vie que vous n'aimez pas.

Faites en sorte que le mot « amour » soit celui que vous utilisiez le plus dans votre vocabulaire. Laissez-le devenir une habitude. Quand vous vous habillez le matin, aimez-vous vos sous-vêtements, vos chaussures, votre parfum, votre cravate, vos vêtements ? Les avez-vous achetés parce que vous les aimiez ou parce que vous devez porter un uniforme, qu'ils étaient en solde, neutres ou utiles et qu'ils aident à dissimuler vos bourrelets ? Vous sentez-vous bien dans ces vêtements, ou vous donnent-ils l'impression d'être invisible ?

Aimez-vous ce que vous avalez au petit-déjeuner, ou mangez-vous sans y penser, par simple habitude ? Y a-t-il une activité que vous avez hâte d'entreprendre à la fin de la journée, ou avez-vous l'habitude de regarder la télévision ? Aimez-vous vraiment regarder la télévision ? Aimez-vous votre quartier, ou le trouvez-vous pratique en raison des facilités de transport ?

Vous voyez ce que je veux dire. À tout moment du jour, vous pouvez faire des choix basés sur l'amour. Et plus le choix est simple, plus il est facile de le faire avec amour. Nous pouvons décider de baser notre vie sur l'amour plutôt que d'attendre qu'il se manifeste.

J'adore les fleurs. J'adore le bouquet de jonquilles que je me suis acheté pour moins de deux dollars et qui repose dans un vase bleu que j'aime, sur une vieille nappe que j'adore également parce que je l'ai achetée durant mes vacances. Elle recouvre une table en bois que j'aime parce que je suis tombée sous le charme de son grain et de sa surface brillante. Cette accumulation d'objets simples que j'adore m'aide à bien commencer la journée.

Mon acte d'amour en est un d'attention. Je suis attentive à chaque objet et à la place qu'il occupe dans ma vie. Je peux avaler un bol de céréales sans y prendre garde ou m'asseoir à la table et le savourer lentement en appréciant le plat en céramique à bordure bleue dans lequel je mange ainsi que le bouquet de jonquilles et la vue des tiges de bambou dans mon jardin pliant sous le vent matinal. J'aime les tiges de bambou et leur façon de danser. J'aime le fait que je les ai plantées à partir d'un pot et qu'elles me procurent maintenant de l'ombre en été.

S'il y a d'autres personnes avec moi pour le petit-déjeuner, je peux choisir de marmonner derrière mon journal, et j'admets qu'il m'arrive de le faire, ou de leur prêter attention, d'être à leur écoute et de les remercier de leur présence. Quand je commence ma journée dans l'amour, j'ai une petite longueur d'avance sur les forces brutales de l'indifférence et du chaos auxquelles nous devons tous nous attendre. Je me suis également entraînée à identifier et à expérimenter l'amour dans la confusion et les surprises que la journée me réserve. Quand ma boussole pointe en direction de l'amour, je sais que même si je me perds des milliers de fois, je retrouverai toujours mon chemin.

L'amour, un merveilleux engrais

Je revois ma mère dans son jardin au milieu des pots de fleurs. Ma mère prend amoureusement soin de ses plantes, ce qui explique pourquoi elle est entourée de belles fleurs. Elles les arrosent. Dès qu'une fleur est fanée et asséchée, elle la remarque et l'enlève pour que la plante continue de s'épanouir. Même quand elle est malade et fatiguée, elle ne peut se résoudre à abandonner son jardin. Malgré la fatigue et la douleur, elle reste penchée, le dos voûté, pour enlever les mauvaises herbes ou les bulbes qui ne produisent plus. Son jardin est couvert de fleurs parce qu'elle prend soin de chaque parcelle de terrain et de chaque plante. Elle les aime, et c'est son amour qui les fait pousser.

Les choses et les gens qui reçoivent de l'amour ont l'air épanoui. C'est là un signe. Les enfants aimés grandissent en santé. Ils sont heureux et possèdent une bonne confiance en soi. Les enfants mal-aimés portent sur eux les marques de la négligence ou de l'oppression dont ils sont victimes. Ils affichent un air sombre ou ont les traits tirés. Ils sont renfermés et transfèrent parfois leur colère et leur souffrance sur ceux qui sont plus faibles qu'eux. J'ai déjà vu une petite fille battre sa poupée, à un arrêt d'autobus. « La ferme ! La ferme ! La ferme ! », répétait-elle sévèrement tout en la frappant. Où avait-elle appris à exprimer autant de haine ? Au même endroit, je suppose, que la petite fille qui serre tendrement sa poupée, lui fait avaler des aliments imaginaires et la couvre de baisers. À la maison.

L'amour est un merveilleux engrais. Plus je vieillis, moins je veux acheter ou manger des aliments qui n'ont pas été cultivés ou préparés avec amour. J'ai le choix de m'empoisonner en mangeant de la nourriture industrielle et des aliments prêts à servir, au point de nuire gravement à ma santé, au bénéfice d'une multinationale. Ou je peux aller dans les marchés, dans les jardins ou sur les fermes, où les producteurs sont fiers de leurs produits, où les légumes biologiques goûtent vraiment quelque chose et où la viande provient d'animaux qui ont été élevés de manière naturelle avant d'être abattus.

L'amour est un merveilleux engrais. L'amour et l'intimité sont aussi essentiels à la santé et à la survie des êtres humains que la nourriture et un toit au-dessus de la tête. Il est prouvé que les adultes qui vivent dans une relation satisfaisante, qui s'épanouissent dans leur travail et qui s'impliquent dans leur communauté sont plus susceptibles de surmonter toutes sortes de maladies, comme les maladies cardiaques, le cancer ou une chirurgie importante, que ceux qui vivent isolés.

L'amour dit que vous comptez, que vous faites partie du groupe, que vous jouez un rôle dans la société. L'amour donne un sens à ma vie et me dit que je suis importante. L'amour m'unit à quelque chose de plus grand. Grâce à l'amour, je n'ai pas peur de me perdre.

Dans son jardin, ma mère connaît chacune de ses plantes dans les moindres détails. Elle sait à quel endroit chacune fleurira le mieux, laquelle a besoin d'un tuteur ou d'être accrochée à un mur, laquelle a besoin de profiter d'espace et d'être en plein soleil pour pousser, laquelle préfère l'ombre. Elle sait laquelle est menacée par les insectes et laquelle doit être taillée, ainsi que laquelle est susceptible d'être divisée pour produire de nouvelles plantes afin de coloniser des coins dégarnis du jardin. Elle le sait parce qu'elle adore son jardin. Elle en prend soin parce qu'elle aime ses plantes et celles-ci le lui rendent bien. Elles poussent. Voir pousser ses plantes est sa récompense, et son amour ne cesse de grandir. J'ai appris, sans doute dans le jardin de mes parents, que l'amour est présent partout où vous voyez s'épanouir des plantes, des animaux et des êtres humains.

Amour et sacrifices

Qu'êtes-vous prêt à sacrifier au nom de l'amour ? Votre carrière ? Votre famille ? Votre maison ? Votre avenir ? Votre vie sexuelle ? Votre vie ? Je ne crois pas qu'il soit possible de vivre sans sacrifier une chose pour un plus grand bien, surtout dans une relation.

L'amour commence par un don et prend fin par une demande. Quand je découvre une source d'amour dans la vie, je suis tellement excitée que je ne vois que le don, et non le prix à payer. Celui-ci viendra plus tard et il peut prendre diverses formes, car il existe diverses formes d'amour.

Voici le prix que j'ai eu à payer à différentes reprises pour avoir de l'amour dans ma vie. Je me suis ridiculisée par amour. Par amour, j'ai perdu ma dignité. Mon engagement amoureux m'a astreinte à l'abstinence et à la fidélité. J'ai accepté de quitter mes amis et ma famille pour suivre mon amour. J'ai sacrifié ma carrière et perdu mon autonomie financière pour investir dans l'amour. J'ai supporté la fatigue et l'abnégation de soi pour donner la priorité à l'amour de ma famille. J'ai accepté de perdre mon indépendance et ma liberté au nom de l'amour familial. J'ai sacrifié mon statut dans le monde au nom de l'amour familial. Pour l'amour de la musique, j'ai supporté la fatigue et le manque de vie sociale. Pour l'amour de l'art, j'ai supporté la fatigue et une perte de revenu. J'ai sacrifié à maintes reprises ma liberté pour l'amour de mes proches — même pour mes chats. J'ai accepté la solitude pour conserver ma liberté et mon indépendance. Et chacun de ces sacrifices en a valu la peine. L'amour que j'ai reçu en retour m'a enrichie émotionnellement. Grâce à lui, j'ai l'esprit tranquille, je n'ai aucun regret et j'ai de plus en plus d'assurance.

L'abnégation et le dévouement sont les prix à payer pour l'amour de quelque chose de plus grand que soi, qu'il s'agisse d'une relation, de la famille, de la communauté ou encore d'un pays, d'une discipline ou d'une cause. La valeur du prix à payer est accrue quand la personne se sacrifie avec joie et générosité, ce qui, je l'avoue, je ne réussis pas toujours. Personne n'aime les martyrs. Et personne n'aime les masochistes non plus. Personne ne vous remerciera d'avoir sacrifié votre carrière si vous lui rappelez tout ce que vous avez dû abandonner par amour pour lui. Prenez garde de vous sacrifier et de tout de même perdre la chose ou la personne pour laquelle vous avez fait des compromis.

J'ai constaté que quand nous sommes jeunes et que nous voulons tout faire et tout posséder, faire preuve d'abnégation est une notion inimaginable, si ce n'est complètement dépassée. Puis vient un moment où il faut choisir. Et le choix devrait être clair quand c'est l'amour qui l'exige.

Méfiez-vous cependant du pseudo-amour qui essaie de contrôler l'autre en l'obligeant à faire des sacrifices qu'il ne devrait pas faire. Prenez garde de vous sacrifier en raison de la jalousie de votre partenaire plutôt que pour le plus grand bien de votre relation. Les personnes qui souffrent d'insécurité s'attendent souvent à ce que leur partenaire laisse tomber tout ce qui pourrait les exclure : les amis, les sports, le travail et même la famille. Il est dangereux d'entrer dans une relation avec quelqu'un d'aussi exigeant qui vous demande de tout sacrifier pour lui. L'amour exige qu'on se sacrifie pour un plus grand bien. Si quelqu'un vous demande de tout abandonner pour lui, ce n'est pas par amour, mais pour satisfaire son ego insatiable.

Une journée dans la vie de mon père

Par une sombre journée de janvier, je suis allée réveiller mon père en pénétrant silencieusement dans sa chambre et en tirant les rideaux. Sa tête reposait sur son oreiller. Il avait les yeux fermés et la bouche entrouverte. Son corps mince, autrefois musclé et bronzé, formait à peine une bosse sous les couvertures. « Papa », lui ai-je dit doucement, debout à côté de son lit, prête à l'aider à se lever et à se rendre à la salle de bains en s'appuyant sur sa marchette, et à le soutenir si jamais il tombait.

Ce jour-là, je l'ai aussi aidé à s'habiller, en enfilant ses bras dans son chandail, malgré ses grimaces et ses cris de douleur provoqués par l'arthrite. Je l'ai aidé à descendre l'escalier. Puis, je lui ai apporté son petit déjeuner sur un plateau et sa dose de médicaments dans un verre. Quand il est devenu épuisé à force d'être assis et de manger, je l'ai aidé à remonter très lentement les marches de l'escalier. J'ai tiré ses couvertures pour qu'il puisse s'étendre. Son visage était blême et empreint de fatigue. Je l'ai bordé chaleureusement, puis je l'ai laissé s'endormir.

Ce jour-là, je l'ai aidé à se laver. J'ai placé une chaise près du lavabo, j'ai pris une éponge et j'ai doucement frotté le dos de mon père, là où la peau est légèrement tendue sur les os. Je me sentais comme ces femmes de miniers qui frottent vigoureusement le corps noirci et usé par le travail de leur époux, devant le feu de cheminée. Ce n'était cependant pas la mine qui avait ainsi ravagé le corps de mon père, c'était la tuberculose.

J'ai pris l'éponge et l'ai tordue au-dessus de la tête de mon père pour laver ses boucles blanches, lui qui, autrefois, arborait une tignasse blonde et épaisse. J'ai pris une serviette pour lui frotter et lui sécher les cheveux en me rappelant les fois où il me frottait les cheveux avec une serviette quand j'étais enfant, et comment il le faisait avec beaucoup plus de vigueur que ma mère, et combien j'aimais cela.

À la nuit tombée, j'ai apporté le bain de pied que mes filles m'avaient offert à Noël et je l'ai empli d'eau tiède. J'ai enlevé ses bas et déposé ses pieds souffrants dans l'eau. Son visage et son corps se sont détendus sous l'effet apaisant des bulles sur ses pieds. Je me suis agenouillée pour lui sécher les pieds avec une serviette, puis je les ai massés avec de la crème pour les pieds jusqu'à ce qu'elle soit complètement absorbée. Ce geste intime de laver et de prendre soin des pieds d'une autre personne me procurait un plaisir à la fois physique et spirituel. Mon père adorait ce moment de la journée.

À l'heure du coucher, j'ai aidé mon père, épuisé de fatigue et par la maladie, à enlever ses vêtements, en guidant ses bras pour retirer sa veste. J'ai déposé une bouteille d'eau chaude entre ses draps. Puis, je l'ai aidé à soulever et à étendre ses jambes. J'ai remonté ses draps et son édredon jusqu'au menton. Je me suis penchée et j'ai déposé un baiser sur son front. Je pouvais sentir son crâne sous la peau tendue.

« Qui aurait dit qu'un jour, je te borderais ainsi dans ton lit », lui ai-je dit en l'embrassant encore une fois. Il m'a rendu mon baiser. J'ai éteint la lumière et je l'ai laissé s'endormir.

Le doux mystère de l'amour

Je termine mon livre comme je l'ai commencé, c'est-à-dire sur un mystère. Voilà ce que je sais. D'ailleurs, c'est sans doute la seule chose dont je suis assurée. L'amour est un mystère. Nous avons beau observer son mécanisme et essayer de comprendre les lois physiques qui le régissent, force est d'admettre que nous n'avons absolument aucun contrôle sur l'amour. Pourquoi je suis attirée par un homme en particulier est un mystère. Et le fait qu'il soit lui aussi attiré ou qu'il reste indifférent est également un mystère. Je pourrais lire, et je l'ai fait, une quantité de livres de psychologie, de philosophie, de biologie et d'histoire sociale et voir tous les gestes que je pourrais poser pour stimuler l'amour, les résultats ne sont jamais garantis.

Je suis fière de moi quand je vis une histoire d'amour paisible — quoi qu'en pensent les poètes. Mais je n'ai aucune réponse quand la relation devient inexplicablement problématique. Malgré tous mes efforts, il n'y a rien que je puisse faire pour changer cet homme qui me rend malheureuse, s'il refuse lui-même de changer. Saloperie de sort !

J'ai beau comprendre pourquoi je suis attirée par des gens et des situations qui me rappellent mon enfance ou mon père, je suis toujours étonnée de foncer tout droit dans le même guêpier, alors que j'ai tout fait pour l'éviter.

Je continue d'apprendre que, pour réussir une relation amoureuse, l'amour ne suffit pas. Il faut de la patience, de la pratique, de la perspicacité, de l'intelligence, de la débrouillardise, et même de la cruauté et de la ruse. Et vous avez besoin d'autres sources de consolation et d'accomplissements quand les feux de l'amour poétique, cinématographique et lyrique se sont éteints.

Mais sans mystère, où serait l'euphorie ? C'est sans doute ce qui explique pourquoi l'une des sensations les plus puissantes qui fait battre notre cœur au début d'un nouvel amour est cette incrédulité enivrante que nous éprouvons par rapport à la relation. Nous n'osons pas y croire, peu importe si nous venons de découvrir que notre meilleur ami est en fait l'amour de notre vie ou qu'un bel étranger a croisé notre chemin.

Et le mystère ne flotte pas uniquement au-dessus des relations amoureuses. J'ai observé le cœur de ma grand-mère mourante battre violemment contre sa cage thoracique, vieille de cent ans mais aussi solide que le jour de sa naissance, et c'était pour moi un mystère profond. Et, à leur naissance, j'ai tenu mes filles contre mon cœur en me demandant qui elles étaient. C'était là le plus grand des mystères. Leurs ongles et leurs cils étaient mystérieux, tout comme les lois mathématiques et cosmiques qui nous avaient réunis, leur père et moi, pour produire ces deux êtres miraculeux. Pourquoi lui ? Pourquoi moi ? Pourquoi elles ? Par rapport à ce mystère, tout ce que je peux ressentir, malgré la douleur, la séparation et le chagrin d'amour, et malgré l'éclipse qui, en l'absence d'amour, jette son ombre sur ma vie, c'est une profonde gratitude mêlée de stupéfaction pour avoir un jour croisé l'amour sur mon chemin.

L'amour en conclusion

Me voici rendue à la fin de mon livre sur tout ce que la vie m'a appris sur l'amour, et qu'est-ce que je ressens ?

D'abord que ce n'est pas la fin, même si je dois mettre un point final à ce livre en particulier. Pendant que j'étais concentrée sur l'amour, j'ai fait chaque jour de nouvelles découvertes. Mes antennes, toujours à l'affût, ont capté des signaux partout où j'allais, faisant surgir en moi de nouvelles interrogations et jetant un nouvel éclairage sur l'amour.

Je vois de l'amour dans le jardin qu'une personne a aménagé dans un coin sombre, près d'une voie ferrée. Je vois de l'amour dans le visage d'un ami qui observe par la fenêtre une maman oiseau en train de nourrir ses oisillons. Je vois de l'amour dans les cris et les embrassades que se font deux adolescentes qui se rencontrent pour une sortie en ville. Je vois de l'amour dans l'habitude qu'a ma mère de toujours tapoter la main de mon père avec bienveillance. Je pourrais emplir des pages à propos de ces images et des réflexions qu'elles suscitent en moi. Et aussi de ce qu'elles me font comprendre. Mais attendez un peu : je viens justement de le faire.

Tout n'est pas rose et réconfortant dans cette observation de l'amour. Cela peut éveiller en nous des sentiments de peur et de solitude. Il s'agit d'un exercice troublant quand on craint de perdre le contrôle. Pour moi, Lesley, une femme dans la cinquantaine, cette longue réflexion sur l'amour s'est avérée un véritable défi. C'est bien beau d'acquérir une meilleure compréhension des mécanismes de l'amour chez les êtres humains, il n'en reste pas moins qu'à la fin de la journée et de la rédaction de ce livre, je me retrouve seule.

Mais je ne suis pas seule à être seule, et ceci est à la fois réconfortant et encourageant. Nous sommes des millions de solitudes, et ce nombre ne cesse d'augmenter, en particulier chez les femmes. Comme le révèlent les statistiques, nous vivons plus longtemps. Et des millions de gens se retrouvent seuls après leur séparation ou leur divorce. Nous ne pouvons plus nous baser sur les modèles du passé. Malgré les modèles de couples et de vies familiales présents dans l'histoire et la littérature, nous sommes de plus en plus aux prises, sur le plan démographique, avec le défi de mener une vie heureuse et qui a du sens en dehors de ces modèles traditionnels.

Dans mon livre précédent, *Tout ce que la vie m'a appris sur l'harmonie*, j'ai raconté une histoire à propos d'un message mystérieux que j'avais trouvé au milieu d'un parc désert. Le message, écrit sur un carton brun accroché à un bâton, disait simplement : « Sacher apprécier vôtre liberté » — sachez apprécier votre liberté. Ce jour-là, j'ai reçu tout un choc électrique, et le message m'a inspiré dans ma vie professionnelle. Et il continue de me stimuler et de m'inspirer dans ma vie émotionnelle. Quand je m'attarde aux côtés positifs plutôt qu'au sentiment de perte, j'apprécie ma liberté. La notion même de liberté me délivre du sentiment d'oppression et d'anxiété. Elle est exaltante et offre d'innombrables possibilités.

Je sais que la capacité d'adaptation et de résilience des êtres humains est immense et que nous avons tous besoin des uns et des autres. Quand il est empêché d'aller dans une direction, l'amour trouve facilement d'autres voies pour circuler, si c'est ce que nous désirons. La solitude n'est pas synonyme d'isolement, même si elle nécessite un peu plus d'efforts. Quand nous vivons seuls, nous avons la responsabilité de prendre en main notre destinée afin de mener la vie souhaitée. Ce sont souvent les épreuves de la vie qui nous obligent à être plus forts et à faire preuve de débrouillardise pour rebondir dans une autre direction.

La meilleure amie de ma mère m'a déjà dit que son époux et elle avaient dû investir davantage dans l'amitié parce qu'ils n'avaient pas eu d'enfants. Aujourd'hui, elle est veuve et âgée de plus de quatre-vingts ans. Elle a dû être hospitalisée récemment, et chaque fois que je lui ai rendu visite, il y avait toujours au moins six personnes autour de son lit. Partout où elle se trouvait, c'était la fête.

Ma mère et mon père ont vécu très unis toute leur vie, mais ont eu très peu d'amis. Ils sont aimés de leurs connaissances, mais comparativement à leurs amis sans enfants, leur cercle social est plus restreint. Parce qu'ils pouvaient compter l'un sur l'autre et qu'ils m'avaient, moi, ils n'ont jamais investi autant chez les autres. J'ignore si l'amie de ma mère regrette encore le fait de ne pas avoir eu d'enfants, mais son ouverture aux autres lui a valu une famille et des amis de tous les âges. C'est une grande source d'inspiration.

Mes quatre-vingts ans sont encore très loin devant moi, tout comme mes vingt ans sont loin derrière. Je sais que ma vision de l'amour et des contacts humains est teintée de mon vécu et de la perspective que j'en ai. À l'adolescence, j'étais prête à tout pour être aimée. Dans la vingtaine, j'aurais tout laissé tomber pour un amoureux potentiel. Dans la trentaine et la quarantaine, j'étais absorbée par mon mariage et mes enfants, et je sais que j'ai commis beaucoup d'erreurs. Mes enfants sont maintenant dans la vingtaine, et j'aime la façon dont leurs amis et eux accordent de l'importance à l'amitié. Ils ne sont pas prêts à s'oublier pour un partenaire amoureux. Je suis moi-même célibataire et beaucoup plus consciente de la toile d'amour qui nous entoure et des nombreuses possibilités d'aimer qui nous sont offertes. Et je sais que l'amour est ce qui compte encore le plus dans la vie. Je ne cesserai jamais d'y penser et de le chercher, jusqu'à la fin de mes jours.

L'autre jour, j'étais assise dans mon champ préféré, parmi les vaches qui broutaient, et j'observais les nuages défiler à toute vitesse vers l'est. Je pouvais sentir dans l'air l'odeur de septembre et la fin de l'été. Mon regard était accroché par les baies rouges des aubépines dans les haies, par les fleurs foncées des prunelliers et les fruits pâles des noisetiers. Je sentais mes pensées sombres s'envoler paisiblement au loin, comme cela se produit toujours dans ce champ que j'adore, où je peux observer les nuages flotter de l'autre côté de la vallée.

Puis, mes oreilles ont soudainement été attirées par un gazouillement. J'ai levé les yeux et j'ai aperçu une hirondelle en plein vol, puis de plus en plus d'hirondelles. Elles étaient plutôt actives depuis quelque temps. De mes hautes fenêtres, je les voyais virevolter dehors, et j'ai soudainement réalisé qu'elles seraient bientôt parties. Le soleil se levait et il les invitait à prendre la route vers l'Afrique.

Le Soleil est la force de gravité qui attire les hirondelles vers le sud, et l'amour est la force de gravité qui nous tire vers l'avant, si nous nous y abandonnons. Même quand il semble être absent de ma vie, je peux le voir réchauffer d'autres gens, des gens qui sont temporairement plus bénis que moi. Durant les périodes sombres de ma vie, il est facile de croire que l'amour a disparu à tout jamais, mais je sais qu'il se trouve simplement de l'autre côté de l'horizon.

Si les hirondelles refusaient de croire en cette force qui les entraîne naturellement vers les tropiques, en hiver, elles seraient coincées ici et finiraient par mourir de froid. Et quand les gens en manque d'amour refusent de croire en son existence, ils risquent de devenir froids et de mourir eux aussi. L'amour brille toujours quelque part, comme le soleil.

Dans mon cas, je sais que ce n'est pas l'absence ou le manque d'amour dans ma vie qui représente un danger, mais le fait de ne plus y croire. Je vais peut-être devoir chercher l'amour sous une autre forme. Peut-être vais-je devoir accepter d'être aimante quand je n'en ai pas envie ou de donner obstinément de l'amour sans en recevoir en retour, mais je sais que je dois aller dans cette direction. Je dois continuer de plonger dans la vie. C'est une nécessité biologique et spirituelle. Si j'évite l'amour parce que je crois qu'il ne veut plus de moi, je ne fais qu'assombrir davantage ma vie. Pour garder votre cœur bien en vie, vous devez exprimer de l'amour de toutes les manières possibles. Ce faisant, vous ouvrez la porte à cette bénédiction. Et si le moment de rédemption n'arrive jamais, bien que je croie qu'il survient toujours, rien ne vous empêche d'en être l'émissaire pour une autre personne. L'amour agit ainsi !

Bibliographie et références

J'aimerais remercier la maison d'édition Faber and Faber de nous avoir autorisés à citer un extrait des mémoires de Gwen Raverat, *Period Piece*.

Pour une compréhension rationnelle mais très révélatrice de la chimie de l'amour et de la façon dont elle nous rend tous fous, je recommande le livre du Dr Frank Tallis, *Love Sick : Love as a Mental Illness*, publié aux éditions Century.

Les deux ateliers que je recommande dans le chapitre « La loyauté familiale, une loyauté fatale ? » sont les Constellations familiales et le Processus Hoffman.

Pour plus d'information sur les Constellations familiales, je vous invite à taper « constellations familiales » dans votre moteur de recherche ou de visiter les sites www.constellations.co.uk et www.ordersoflove.co.uk. Vous y trouverez une brève description du travail de Bert Hellinger ainsi que des renseignements sur les ateliers à venir.

L'Institut Hoffman est une fédération qui compte un groupement d'instituts dans quinze pays du monde. Pour plus d'information, vous pouvez visiter le site www.quadrinity.com et choisir le pays qui vous intéresse, notamment le site français www.institut-hoffman.com. Le livre de Tim Laurence *4 étapes pour commencer à vivre : Les atouts du Processus Hoffman* décrit clairement le processus conçu par Bob Hoffman et la pensée qui s'y rattache. C'est une excellente introduction au processus, du point de vue théorique et non pratique. Il est publié aux éditions Le Souffle d'or.

Maurice Taylor et Seanna McGee ont décrit en détail les nouvelles règles de la vie à deux dans leur ouvrage *The New Couple : Why the Old Rules Don't Work and What Does*. Il est publié aux éditions Harper San Francisco et contient une description du chemin de paix expliqué dans le chapitre « Le chemin de paix ». Pour plus de détails sur leurs conférences et leurs ateliers, visitez leur site www.newcouple.com.

Vous trouverez la description du traité de paix de Thich Nhat Hanh dans son livre *Enseignements sur l'amour*, publié chez Albin Michel.

J'ai très peu de livres sur l'amour à recommander étant donné que beaucoup d'entre eux comprennent des formules toutes faites pour remettre de l'ordre dans votre vie amoureuse. L'amour est beaucoup plus vaste. Si vous souhaitez approfondir le sujet, je vous recommande les enseignements spirituels des grandes religions qui ont fait leurs preuves, que ce soit dans la chrétienté ou le bouddhisme. Les poètes sont passés maîtres dans l'art de décrire l'amour — en peu de mots. C'est aussi un thème souvent abordé dans la littérature. Vous en apprendrez beaucoup plus sur l'amour et la nature humaine en assistant à une tragédie grecque ou à une pièce de Shakespeare qu'en achetant la dernière stratégie marketing à la mode sur l'art de trouver l'amour. L'amour est aussi ce sentiment qui naît après la passion. Voilà pourquoi je vous recommande le livre classique fort songé d'Erich Fromm, *L'art d'aimer*, publié aux éditions EPI. Il démontre clairement que l'amour n'est pas une récompense, mais plutôt un travail assidu. Je vous recommande aussi pour la même raison le livre de Thich Nhat Hanh *Enseignements sur l'amour*, mentionné précédemment.

À paraître prochainement

Tout ce que la vie m'a appris sur le changement

Si vous avez aimé ce livre, vous serez sans doute heureux d'apprendre qu'un nouveau recueil de Lesley Garner sera publié prochainement, *Tout ce que la vie m'a appris sur le changement* — le parfait compagnon de chevet de ses deux ouvrages précédents. Voici ce qu'elle écrit :

« Le changement est inévitable. Rien n'est immuable. De l'échelle moléculaire à l'échelle planétaire, la vie ne cesse d'être en mouvement, et nous participons à ce changement. L'univers est entraîné dans une danse perpétuelle, et le bonheur vient de l'exaltation que nous ressentons quand nous vivons en harmonie avec ce rythme cosmique.

« Alors pourquoi le changement suscite-t-il tant de peur et de peine ? Pourquoi résistons-nous si profondément au changement et luttons-nous si désespérément contre lui ? Puisque le changement est dans l'ordre des choses, d'où vient ce désir profond et lancinant que tout demeure éternellement pareil ? Comme le chantent les pleureuses, " Le changement et le déclin tout alentour, je vois. Reste, ô toi qui ne changes jamais, ah ! reste avec moi. "

« S'il était possible d'arrêter le changement et de vivre dans un monde statique, nous devrions faire face au grand paradoxe. Nous deviendrons vite fous. Le changement est synonyme de vie, alors que l'immobilisme est synonyme de mort. L'adaptation constante au changement crée l'élan et l'énergie nécessaires pour avancer. Notre relation avec les forces du changement qui sont en nous et autour de nous, et notre compréhension de celles-ci sont essentielles à notre bien-être. Sans cet abandon au changement et la connaissance du rôle qu'il joue dans notre vie, nous mourrons.

« La vie nous donne sans cesse des occasions d'apprendre et de mettre en pratique ce que nous avons appris. Une minute, la vie semble piétiner sur place, la minute d'après, elle devient incontrôlable et nous entraîne dans un tourbillon. Quand la vie fait du surplace, nous aspirons au changement. Quand elle nous bouscule, nous souhaitons que tout demeure pareil. Si nous sommes attentifs, nous pouvons constater qu'il existe deux formes de changements : les changements qui se produisent dans notre vie et les changements que nous provoquons. Il est très important de comprendre la différence. Plus nous provoquons nous-mêmes les changements, plus nous vivons heureux. Pour connaître le bonheur, cependant, il faut aussi savoir composer avec les changements qui surgissent inopinément dans notre vie.

« Notre plus grande leçon sur terre est d'apprendre à nous adapter sans cesse aux changements : aux changements biologiques, hormonaux et familiaux, aux changements de résidence ou de relation, aux changements d'idées, aux changements des sentiments amoureux, aux revers de fortune et aux circonstances, aux changements de gouvernements et aux changements climatiques. Ainsi, vous pouvez en une seule vie connaître la paix de la démocratie et la guerre, une belle journée ensoleillée ou un ouragan, le mouvement lent de l'évolution ou le cataclysme d'un tsunami. Les changements dans la vie peuvent aussi bien vous anéantir que vous apprendre à vous adapter, à faire preuve de débrouillardise et même à triompher.

« Que pouvons-nous faire alors ? Beaucoup de choses. Nous pouvons comprendre les forces qui nous affectent et nous y préparer. Nous pouvons apprendre à interpréter les signes du changement dans tous les aspects de notre vie, autant sur les plans personnel et professionnel qu'à l'échelle mondiale. Nous pouvons nous entraîner à nous adapter, à nous préserver et à vivre de manière créative. Nous pouvons apprendre à profiter de ces aspects de notre vie qui changent encore plus lentement que nous et à nous y ancrer, car ils nous donnent un aperçu de la vie éternelle. Enfin, nous pouvons découvrir le sentiment de pouvoir qui nous anime quand nous devenons les agents du changement. Nous ne sommes pas obligés de le supporter. Au contraire, nous pouvons apprendre à le susciter. »

Dans *Tout ce que la vie m'a appris sur le changement*, Lesley Garner décrit des techniques pour composer avec le changement, certaines tirées de sa propre expérience, d'autres de celle d'autres personnes. Que vous soyez enlisé ou emporté par le courant de la vie, ce merveilleux recueil vous offre de précieux conseils qui vous aideront à passer à travers les remous inévitables et interminables de la vie — des conseils qui vous aideront à vivre une aventure excitante.

Vous pouvez vous procurer le premier livre de Lesley, *Tout ce que la vie m'a appris sur l'harmonie*, dans toutes les bonnes librairies ou en le commandant directement auprès de l'éditeur à l'adresse www.ada-inc.com.